Eine Arbeitsgemeinschaft der Verlage

Böhlau Verlag · Wien · Köln · Weimar
Verlag Barbara Budrich · Opladen · Toronto
facultas.wuv · Wien
Wilhelm Fink · München
A. Francke Verlag · Tübingen und Basel
Haupt Verlag · Bern
Verlag Julius Klinkhardt · Bad Heilbrunn
Mohr Siebeck · Tübingen
Nomos Verlagsgesellschaft · Baden-Baden
Ernst Reinhardt Verlag · München · Basel
Ferdinand Schöningh · Paderborn · München · Wien · Zürich
Eugen Ulmer Verlag · Stuttgart
UVK Verlagsgesellschaft · Konstanz, mit UVK/Lucius · München
Vandenhoeck & Ruprecht · Göttingen · Bristol
vdf Hochschulverlag AG an der ETH Zürich

Volker Ahrens

Abschlussarbeiten richtig gliedern

in Naturwissenschaften, Technik und Wirtschaft

vdf

vdf Hochschulverlag AG an der ETH Zürich

Bibliografische Information der Deutschen Nationalbibliothek
Die Deutsche Nationalbibliothek verzeichnet diese Publikation in der Deutschen Nationalbibliografie; detaillierte bibliografische Daten sind im Internet über http://dnb.d-nb.de abrufbar.

ISBN: 978-3-8252-4096-7

978-3-8252-4096-7 (UTB-Bestellnummer)

www.vdf.ethz.ch
verlag@vdf.ethz.ch

Inhalt

1 Einführung

Für einen Text hat seine Gliederung eine ebenso große Bedeutung wie das Skelett für die Anatomie eines Körpers: sie bestimmt die Struktur des Seins ebenso wie den Prozess des Werdens. Dies gilt auch für wissenschaftliche Texte und ganz besonders für Abschlussarbeiten.

Angesichts der jahrtausendealten wissenschaftlichen Tradition sollte man eigentlich davon ausgehen dürfen, dass die Gliederung wissenschaftlicher Texte auf theoretisch gesichertem Fundament steht und in der Praxis keine Probleme mehr bereitet. Doch das ist nicht der Fall. Ein Blick in die zahlreichen Ratgeber zur Anfertigung von Abschlussarbeiten offenbart in dieser Hinsicht eine ernüchternde Schlichtheit. So ist man sich weitgehend einig, dass eine Gliederung aus einer Einleitung, einem Hauptteil und einem Schluss besteht. Im Übrigen sei jede Arbeit anders und erfordere daher einen speziellen Aufbau, der stets individuell erarbeitet werden müsse.

Wer sich von den Ratgebern in dieser zentralen Frage Aufklärung verspricht, bleibt am Ende also ratlos sich selbst überlassen. Und das zeigt sich dann auch in der Praxis: Die Erarbeitung einer Gliederung wird oft als schwierig empfunden, nimmt zumeist viel Zeit in Anspruch und wird im Prozess des Werdens nicht selten mehrfach geändert. Und trotzdem kommen dabei am Ende viele Arbeiten heraus, deren Aufbau Gutachter[1] bemängeln.

Das muss nicht sein. Nachfolgend wird sich zeigen, dass die Gliederung wissenschaftlicher Abschlussarbeiten einem klar definierbaren

---

[1] Aus Gründen der leichteren Lesbarkeit wird auf eine geschlechtsspezifische Differenzierung verzichtet. Entsprechende Begriffe gelten im Sinne der Gleichbehandlung für beide Geschlechter.

Schema folgt. Zugegeben: ganz so schlicht, wie von etablierten Ratgebern behauptet, wird es nicht gehen; etwas mehr als eine Einleitung, einen Hauptteil und einen Schluss braucht man schon. Doch das soll kein Anlass zur Sorge sein. Die Lösung ist nicht komplexer, nur konkreter.

Mehr wird hier nicht geboten. Wer umfassenden Rat zur Anfertigung wissenschaftlicher Arbeiten sucht, findet in der gängigen Literatur viele gute Quellen. Das alles hier zu wiederholen, würde keinen Mehrwert generieren. Im Gegenteil. Es würde den Blick verstellen auf das, was der Mehrwert dieses Beitrags sein soll: eine Anleitung zur Gliederung wissenschaftlicher Abschlussarbeiten.

Es ist nicht nur eine Frage der Konsequenz, dabei die gleiche Vorgehensweise zu wählen, die für das Anfertigen von Abschlussarbeiten empfohlen wird. Wie noch zu zeigen sein wird, lässt sich eine schlüssige Argumentation anders auch gar nicht auf die Beine stellen – jedenfalls nicht ohne Weiteres. Dabei verhält es sich nämlich wie mit guten Drehbüchern. Joachim Hammann (2007) erklärt mit bemerkenswerter Klarheit, dass Spielfilme, die wirklich berühren, stets dem gleichen Schema folgen. Und dazu gehört natürlich auch, dass ein guter Krimi den wahren Mörder erst in der Schlussszene offenbart. Gleichwohl gibt es Autoren, die den Mörder schon zu Beginn verraten und trotzdem in der Lage sind, eine spannende Geschichte zu erzählen. Doch das setzt exzellentes Können und einiges an Erfahrung voraus. Der junge, noch unerfahrene Autor ist also gut beraten, nicht gleich sein erstes Werk auf diese Weise zu gestalten. Wie Hammann an vielen Beispielen zeigt, kann man auch nach dem Standardschema ausgezeichnete Drehbücher schreiben. Und erst wenn das gelungen ist, sollte man sich an das Experimentieren wagen.

Das gilt auch für wissenschaftliche Arbeiten. So wie gute Drehbücher sollten auch sie einem Spannungsbogen folgen.[2] Und so wie gute Drehbücher sollten sie vom jungen, noch unerfahrenen Autor zunächst nach einem standardisierten Schema gegliedert werden. Davon abzuweichen sei auch hier nur den „alten Hasen“ empfohlen. Allerdings schreiben die zumeist keine Abschlussarbeiten mehr.

Spannend wird eine wissenschaftliche Arbeit, wenn gleich zu Beginn ein Potenzial aufgebaut wird. Ein solches Potenzial kann sich aus einer Chance oder aus einem Risiko bzw. aus einem Problem ergeben. In beiden Fällen ist etwas zu tun, in beiden Fällen wird der Weg nicht einfach, doch in beiden Fällen ist eine Lösung zu erwarten. Was allerdings genau zu tun ist, wo Hindernisse lauern und worin schließlich die Lösung besteht, wird anfangs noch nicht verraten.

Immerhin wurde einführend behauptet, dass die Gliederung einer Arbeit nicht nur die Struktur ihres Seins, sondern auch den Prozess ihres Werdens bestimmt. Das bedeutet, dass sie nicht etwa nur die Grundlage dafür bildet, eine wissenschaftliche Erkenntnis im Nachhinein zu dokumentieren. Vielmehr bildet sie zugleich auch einen Leitfaden zur Gestaltung des Erkenntnisprozesses. Und für den Leser ist es nicht nur spannend, diesen Erkenntnisprozess quasi mitzuerleben und hautnah dabei zu sein, wenn die Einsicht geboren wird, wenn sie wächst und gedeiht. Es fördert auch sein Verständnis. Er kann sie im wahrsten Sinne des Wortes nachvollziehen.

Die Gliederung dieses Bandes wird daher nicht schon an dieser Stelle vorgestellt und erläutert. Sie soll sich entwickeln und dabei deutlich machen, dass sie sich tatsächlich nicht nur als Struktur gebend, sondern auch als Erkenntnis leitend bewährt.

---

[2] Vgl. hierzu auch Theisen 2009, 131 f.

2 Situation

Als Anlass für die Ausarbeitung einer Empfehlung zur Gliederung wissenschaftlicher Abschlussarbeiten wurde einleitend ein Defizit in der zugrunde liegenden Theorie sowie ein Problem bei der praktischen Umsetzung identifiziert. Implizit damit verbunden ist die Zielsetzung, einen Beitrag zur Beseitigung des Defizits und zur Reduzierung des daraus resultierenden Problems zu leisten. Doch beides, sowohl die Skizze der aktuellen Situation als auch die daraus abgeleitete Zielsetzung, ist noch zu unscharf, als dass sich darauf eine solide Arbeit gründen ließe. Bisher wurde nur grob wahrgenommen, ohne Begründung behauptet, mutig in Aussicht gestellt.

Das ist am Anfang nicht nur zulässig, sondern oft auch notwendig. Karl Popper geht, ganz in der Tradition des griechischen Philosophen Platon, sogar so weit, zu fordern, einen Untersuchungsgegenstand zu Beginn einer jeden wissenschaftlichen Auseinandersetzung nur mit einer Idee, mit einem kühnen Gedanken einzufangen (1976, 223). Doch damit der Entdeckung eines Problems die Lösung und deren Rechtfertigung folgen können (vgl. Reichenbach 1938), bedarf es der Objektivierung. Und diese beginnt damit, die aktuelle Situation so zu beschreiben, dass sie sich dem Verstand erschließt.

Dazu gehört in einem ersten Schritt die inhaltliche Abgrenzung und Darstellung desjenigen Ausschnitts der Wirklichkeit, der behandelt werden soll. Dies sind hier wissenschaftliche Abschlussarbeiten, also Diplom-, Bachelor-, Master- und Doktorarbeiten. Dafür gibt es drei Gründe: (1) So werden solche Arbeiten überwiegend von angehenden bzw. jungen Wissenschaftlern angefertigt, die auf Anleitungen wie diese eher angewiesen sind als erfahrene Wissenschaftler. (2) Außerdem unterliegen solche Arbeiten einer besonders umfassenden Beurteilung, da sie nicht nur einen Beitrag zum wissenschaftlichen Fortschritt leisten sollen, sondern darüber hinaus auch eine Prüfungsleistung darstellen. Schließlich (3) weisen diese drei Formen wissenschaftlicher Arbeiten strukturelle Gemeinsamkeiten auf, die sie mit anderen Formen wie z. B. Lehrbüchern nicht oder nur ansatzweise teilen. Dies soll aber nicht schon hier im Einzelnen dargelegt werden, denn es wird später zur Begründung des vorgeschlagenen Konzepts zur Gliederung wissenschaftlicher Abschlussarbeiten herangezogen und dann in aller Ausführlichkeit behandelt.

Neben der inhaltlichen ist auch die zeitliche und räumliche Abgrenzung hilfreich, um den Umfang der Arbeit sinnvoll zu begrenzen. Dafür bietet sich der Bologna-Prozess an, da sich einige der behandelten Aspekte auf die daraus hervorgegangenen Regelungen beziehen. Zeitlich nimmt der Bezugsrahmen also seinen Ausgangspunkt im Jahr 2010, in dem die Schaffung eines einheitlichen europäischen Hochschulraums abgeschlossen sein sollte (vgl. Bologna Declaration 1999), und räumlich beziehen sich die Ausführungen auf die zum Zeitpunkt der Drucklegung 47 europäischen Staaten, die sich dem Bologna-Prozess angeschlossen haben. In diesen Staaten sind alle Hochschulen und Universitäten umfasst, die einen wissenschaftlichen Abschluss ermöglichen.

Innerhalb dieses Bezugsrahmens soll nun untersucht werden, ob die eingangs skizzierte Beschreibung der Situation durch Fakten belegt werden kann. Dies bezieht sich auf zwei Kernaussagen:

1. Nahezu alle Ratgeber zur Anfertigung wissenschaftlicher Abschlussarbeiten erklären, dass deren Gliederung aus einer Einleitung, einem Hauptteil und einem Schluss besteht und im Übrigen vom Thema abhängt, ohne dies wissenschaftlich zu belegen.

2. Praktisch wirft die Gliederung wissenschaftlicher Abschlussarbeiten bei Studierenden und jungen Wissenschaftlern viele Fragen auf, benötigt viel Zeit, wird oft noch während der Bearbeitung geändert und findet trotzdem nicht immer die Zustimmung von Gutachtern.

2.1 Gliederungsvorschläge aktueller Ratgeber

Die Durchsicht aktueller Ratgeber zur Anfertigung wissenschaftlicher Abschlussarbeiten stützt sich auf die Methode der Literaturrecherche und konzentriert sich auf diejenigen Abschnitte der stichprobenartig ausgewerteten Quellen, die konkrete Vorschläge zur inhaltlichen Gliederung enthalten. Darüber hinaus wird untersucht, ob und ggf. welche Bezüge zur Wissenschaftstheorie hergestellt werden, um diese in Abschnitt 2.2 gesondert zu behandeln. Die Reihenfolge der zitierten Literaturstellen wurde mangels sinnvoller Ordnungskriterien zufällig gewählt.

Beginnen wir mit Werner Heister und Dagmar Weßler-Poßberg (2007, 18 f.), die erklären, der Textteil einer wissenschaftlichen Arbeit bestehe in der Regel aus Einleitung, Hauptteil, Schlussteil und Anhang, womit der rote Faden vorgegeben sei. Die weitere Untergliederung müsse sinnvoll und präzise zugleich sein, sie dürfe nicht oberflächlich und allgemein bleiben, solle aber auch nicht zu ausführlich werden.

Im Folgenden detaillieren sie zumindest den Inhalt der Einleitung dahingehend, dass sie die Einordnung, die Eingrenzung, die Erläuterung und die Rechtfertigung der Themenstellung beinhalten soll. Im Einzelnen gehöre dazu die Formulierung des Themas bzw. der Fragestellung der Arbeit, die Darstellung des Untersuchungsziels, die Einordnung in den fachlich-praktischen und in den wissenschaftlichen Kontext, die Formulierung wesentlicher Fragen, die Eingrenzung des Themas, die Darstellung der Methodik sowie die Erläuterung der

Gliederung und Vorgehensweise. Über den Inhalt des Hauptteils findet man lediglich den Hinweis darauf, dass er die eigentlichen Aussagen der Arbeit enthält und einer zweckmäßigen und präzisen Untergliederung bedarf. Und auch über den Schlussteil heißt es nur, dass er die Ausarbeitung abrundet, indem er die wesentlichen Ergebnisse der Arbeit zusammenfasst, die Fragestellung und die Zielsetzung der Arbeit noch einmal wiederholt, die Ausgangsfrage mithilfe der im Hauptteil entwickelten Ergebnisse noch einmal beantwortet und abschließend einen Ausblick geben kann.

Sicher lässt sich nicht sinnvoll bestreiten, dass die Aspekte, die im Zusammenhang mit der Einleitung aufgezählt werden, Bestandteil einer wissenschaftlichen Arbeit sein müssen. Allerdings stellt sich die Frage, ob nicht zumindest einige dieser Aspekte gerade für wissenschaftliche Arbeiten von so großer Bedeutung sind, dass sie einen Platz auf der obersten Gliederungsebene für sich in Anspruch nehmen dürfen.

Dies betrifft z. B. die Einordnung in den fachlich-praktischen und in den wissenschaftlichen Kontext. Aus den ergänzten Erläuterungen lässt sich ableiten, dass damit das gemeint ist, was hier als Situationsanalyse bezeichnet wird und darauf zielt, die aktuelle Situation als Ausgangspunkt des wissenschaftlichen Vorhabens einzugrenzen und darzustellen. Und so wie das Fundament für ein Haus eines der wichtigsten Elemente ist und bei jedem Hausbauprojekt einen eigenständigen Bauabschnitt bildet, ist die Situationsanalyse die Grundlage jeder wissenschaftlichen Arbeit und sollte als solche sofort erkennbar sein. Daher gehört sie auf die erste Gliederungsebene.

Ein weiterer wichtiger Bestandteil einer wissenschaftlichen Arbeit ist ihre Zielsetzung, denn die Ziele bilden am Ende die Kriterien, anhand derer beurteilt werden kann, ob die Arbeit erfolgreich war. Auch sie sollten nicht in der Einleitung quasi versteckt werden, sondern auf der obersten Gliederungsebene zu finden sein.

Und auch die Methodik, die der eigenen Arbeit zugrunde gelegt wird, ist von zentraler Bedeutung. Martin Kornmeier (vgl. 2007, 9) hat sich die Mühe gemacht, dies anhand von Gesetzen zu belegen. So zitiert er z. B. das Bundesverfassungsgericht, das Wissenschaft definiert als „die geistige Tätigkeit mit dem Ziele, in methodischer (sic), systematischer und nachprüfbarer Weise neue Erkenntnisse zu gewinnen". Vor diesem Hintergrund sollten auch die Methodik sowie das sich daraus ergebende Arbeitsprogramm in einem eigenen Abschnitt auf der obersten Gliederungsebene erläutert werden.

Nachdem sich aus den Hinweisen zur Gestaltung der Einleitung immerhin einige wichtige Aspekte zur Gliederung einer wissenschaftlichen Abschlussarbeit ableiten ließen, bleibt ausgerechnet die Struktur des Hauptteils, der ja seiner Bezeichnung nach den wichtigsten Teil der Arbeit darstellt, vollkommen im Dunkel. Und der Schlussteil wird im Wesentlichen zur zusammenfassenden Wiederholung des bereits Gesagten degradiert. Damit kann sich der Leser dann entscheiden, ob er bei großem Interesse den Hauptteil liest und auf den Schlussteil verzichtet oder ob er sich bei geringerem Interesse auf das Lesen des Schlussteils beschränkt und den Hauptteil überspringt. Beides zu lesen, erscheint jedenfalls überflüssig. Allenfalls der fakultative Ausblick könnte sich noch lohnen.

Einleitend wurde behauptet, dass die Gliederung eines Textes die Struktur seines Seins ebenso bestimmt wie den Prozess seines Werdens. Würde man die bisher zitierten Ausführungen von Heister und Weßler-Poßberg zugrunde legen, ließe sich diese Aussage nur in Bezug auf die Struktur des Seins bestätigen. Zum Prozess des Werdens äußern sich die beiden Autoren an einer anderen Stelle. Dort (vgl.

ebd., 77 f.) erläutern sie unter Bezugnahme auf Axel Borsdorf (1999, 140[3]) mithilfe einer tabellarischen Auflistung, dass ein Forschungsprozess aus den Phasen Entdeckung, Begründung und Verwertung besteht, allerdings ohne zu erläutern, was darunter zu verstehen ist. Und auch Borsdorf erklärt diese drei Phasen einer empirischen Untersuchung nur kurz und zitiert im Übrigen eine Skizze von Jürgen Friedrichs[4] (1974[5], 51), die allerdings nur wenig mit der tabellarischen Darstellung des Forschungsprozesses von Heister und Weßler-Poßberg gemein hat. Und auch der Versuch einer Zuordnung der drei Phasen zur vorgeschlagenen Gliederung erscheint relativ schwierig. So werden die Phasen hinsichtlich ihres jeweiligen Gegenstandes, ihrer Teilprozesse und ihrer praktischen Umsetzung stichwortartig beschrieben. Einige der Stichworte zu den Teilprozessen und zu deren praktischer Umsetzung finden sich in den Inhalten der Einleitung tatsächlich wieder, so z. B. die Entwicklung der Fragestellung, die Formulierung des Forschungsziels sowie die Klärung der Beziehung und Abgrenzung zu vorhandenen Erkenntnissen. Dagegen sucht man z. B. die im Rahmen der Einleitung geforderte Erläuterung der Gliederung und Vorgehensweise in den Phasen von Forschungsprozessen vergeblich. Implizit könnte man zwar auf den Gedanken kommen, dass die aneinandergereihten Teilprozesse sowie die Arbeitsschritte zur praktischen Umsetzung die Vorgehensweise beschreiben sollen, doch bei näherer Betrachtung erweist sich dies als nicht verallgemeinerungsfähig. Vor diesem Hintergrund bleiben also viele Fragen offen.

Setzen wir die Literaturrecherche nun mit dem Ratgeber von Matthias Karmasin und Rainer Ribing (2010) fort. Auf der Suche nach einer

[3] Tatsächlich findet sich die zitierte Stelle auf den Seiten 127 f.

[4] Erst von Friedrichs (1974, 50) erfährt man, dass die beiden erstgenannten Zusammenhänge auf Reichenbach (1938) zurückgehen. Eine konkrete Quelle wird allerdings auch dort nicht angegeben.

[5] Eigentlich wäre auch eine sehr viel neuere Auflage aus dem Jahr 1990 verfügbar gewesen.

Empfehlung zur Gestaltung der Gliederung wird man auch hier schnell fündig. So heißt es auf Seite 27, grob umfasse die inhaltliche Gliederung (Gliederung des Textteils) Einleitung, Hauptteil und Schluss (Fazit). Auf Seite 80 wird zwischen Einleitung und Hauptteil jedoch noch ein Theorie- bzw. Grundlagenteil eingeschoben, sodass am Ende unklar bleibt, welche Aussage gelten soll. Und auch bei der Zuordnung der Inhalte zu den Gliederungspunkten zeigen sich sowohl zwischen den beiden Gliederungsansätzen als auch innerhalb des zweiten Ansatzes Widersprüche.

Die Einleitung soll zunächst die Problemstellung und deren Relevanz aufzeigen, die Forschungsfrage herleiten sowie das Vorgehen in der Arbeit erläutern. Darin stimmen beide Darstellungen überein.

Die Einordnung des Themas in den Kontext der wissenschaftlichen Diskussion und in diesem Zusammenhang insbesondere die Definition von Begriffen, die Darstellung des Stands der Forschung und die Abgrenzung des Themas soll nach der ersten Darstellung (vgl. ebd., 27) Gegenstand des Hauptteils sein; in der zweiten Darstellung (vgl. ebd., 80) wird dies dem hier eingeschobenen Theorie- bzw. Grundlagenteil zugeordnet, wobei sich die Reflexion des Stands der Forschung bei Theoriearbeiten auch im Hauptteil noch einmal wiederfindet. Ein Hinweis darauf, welcher Teil des Stands der Forschung im Theorieteil und welcher im Hauptteil behandelt werden soll, fehlt.

Der Schlussteil beinhaltet nach der ersten Darstellung (vgl. ebd., 28) die Beantwortung der Forschungsfrage. Bei der zweiten Darstellung findet dies seine Entsprechung im Verwertungszusammenhang, bei dem es angeblich darum geht, die Interpretation der Ergebnisse darzustellen. Abschließend werden auch hier eine Zusammenfassung und ein Ausblick empfohlen.

Auch Karmasin und Ribing beziehen sich auf den Entdeckungs- und Begründungszusammenhang. Ergänzt um den Verwertungszusammenhang würden diese drei Schritte den Forschungsprozess beschreiben (vgl. ebd., 78). In ihrem zweiten Gliederungsvorschlag (vgl. ebd., 80) wird dieser Prozess allerdings insofern nicht deutlich, als der Entdeckungszusammenhang ausschließlich mit theoretischen Arbeiten in Verbindung gebracht wird, während der Begründungszusammenhang praxisorientierten Arbeiten vorbehalten bleibt. Nur der Verwertungszusammenhang ist nach dieser Darstellung für beide Arten von Arbeiten relevant. Vor diesem Hintergrund stellt sich die Frage, ob die Bedeutung der Zusammenhänge richtig verstanden wird. Tatsächlich beschreibt der Entdeckungszusammenhang, vereinfacht ausgedrückt, Gegenstand und Ziel einer wissenschaftlichen Untersuchung, im Begründungszusammenhang erfolgt die theoriegeleitete Auseinandersetzung mit dem Untersuchungsobjekt und der Verwertungszusammenhang bezieht sich auf die praktische Anwendung der Forschungsergebnisse (vgl. Reichenbach 1938). Insofern sind der Entdeckungs- und der Begründungszusammenhang sowohl für theoretische als auch für praxisorientierte Arbeiten gleichermaßen relevant, und der Verwertungszusammenhang ist, anders als die Autoren erklären, überhaupt nicht Inhalt einer wissenschaftlichen Arbeit, sondern der Umgang mit ihr.

Eine Detaillierung von Forschungsprozessen findet sich auf Seite 91. Hier werden unter Bezugnahme auf Friedrichs (1990) ein lineares und ein zyklisches Modell grafisch dargestellt. Das lineare Modell geht von einem Problem aus, leitet daraus eine Fragestellung ab, bildet einen Ansatz für eine Theorie bzw. für ein Modell, formuliert Hypothesen, operationalisiert zentrale Begriffe, erhebt Daten und wertet diese aus, verifiziert oder falsifiziert die Hypothesen, liefert dafür Erklärungen und bildet schließlich eine Theorie. Dass es auch hier einiger Fantasie bedarf, diese Abfolge von Tätigkeiten auf die zuvor skizzierten Gliederungsvorschläge zu projizieren, soll hier jedoch nicht noch einmal in aller Ausführlichkeit vorgeführt werden, da inzwischen hinreichend deutlich geworden sein dürfte, dass eine Gliederung, die einem Text eine klare Struktur gibt und zugleich den Prozess seiner Entstehung beschreibt, aus dieser Quelle nicht gewonnen werden kann.

Und abgesehen davon, dass die Darstellungen von Karmasin und Ribing untereinander nicht in jeder Hinsicht kompatibel sind, zeigen sich auch signifikante Unterschiede zum Gliederungsvorschlag von Heister und Weßler-Poßberg. Letztere ordnen die Aufbereitung des Stands der Forschung bereits der Einleitung zu, während sie nach Karmasin und Ribing je nach Darstellung im Hauptteil und in einen zusätzlichen Theorie- bzw. Grundlagenteil erfolgen soll. Und während sich der Schlussteil nach Heister und Weßler-Poßberg auf eine Zusammenfassung beschränkt und mit einem Ausblick nur fakultativ Neues beinhaltet, bringen Karmasin und Ribing hier mit der Beantwortung der Forschungsfrage einen wichtigen Teil der Arbeit unter.

Die nächste Quelle, der wir uns nun zuwenden, bietet einen besonderen Leckerbissen – im wahrsten Sinne des Wortes, denn Martin Kornmeier (2012) lädt seine Leser dazu ein, einen Gugelhupf mit ihm zu backen. Im Hinblick auf die Gliederung wissenschaftlicher Abschlussarbeiten macht er (vgl. ebd., 96) erst einmal klar, dass diese stark von den Inhalten abhängt und dass es keine allgemeingültigen Regeln gibt, nach denen man sie entwerfen kann. Weil die Gliederung aber ein ganz wesentlicher Teil der Arbeit sei, solle man ihr viel Zeit und Sorgfalt widmen (vgl. ebd., 95).

Wenig später gibt er dann aber doch ein paar konkretere Hinweise. So lasse sich das gesammelte, systematische und mit den eigenen Gedanken verknüpfte Wissen in der Regel vier zentralen Kapiteln zuordnen: der Einleitung, den theoretischen Grundlagen, dem Hauptteil und dem Schluss (vgl. ebd., 97 ff.).

Für die Inhalte der Einleitung gibt Kornmeier fünf Bausteine an: (1) Die Hinführung zum Thema soll dieses in einen größeren Rahmen einordnen und Interesse wecken, indem z. B. eine These einer Gegenthese gegenübergestellt, ein außergewöhnliches Bild aus der Unternehmenspraxis zitiert, eine bedeutsame Aussage einer namhaften Persönlichkeit wiedergegeben oder eine überraschende Feststellung aufgeworfen und ggf. mit einem Forschungsergebnis belegt wird (vgl. ebd., 100 ff.). Daraufhin sollen (2) der eigentliche Gegenstand der Forschung skizziert und die Wahl der Forschungsfrage begründet werden, indem die Forschungslücke verdeutlicht wird. Und auch die Untersuchungsziele sollen an dieser Stelle dargelegt werden. Es folgt (3) die Beschreibung der Vorgehensweise in Verbindung mit der gewählten Methodik. Den vierten Baustein bildet (4) die Abgrenzung der Arbeit, und abschließend (5) soll die Argumentationslinie erläutert werden, die bei der Beantwortung der Forschungsfrage gewählt wird und die sich auch aus der Gliederung ergibt.

Die Notwendigkeit, Grundlagen und Definitionen in einem eigenen Hauptkapitel zu behandeln, begründet Kornmeier damit, dass der von ihm sogenannte Otto-Normal-Leser nicht in der Lage sein dürfte, die Arbeit ohne diesbezügliche Erklärungen zu verstehen. Daraus kann man schließen, dass er auch Laien zu den Adressaten wissenschaftlicher Arbeiten zählt. Dies steht allerdings im Widerspruch zur Aussage von Detlef Jürgen Brauer und Hans-Ulrich Vollmer (2008, 18), die ausdrücklich darauf hinweisen, dass sich wissenschaftliche Arbeiten nicht an eine breite Leserschaft, sondern an die Fachöffentlichkeit richten. Das in den Lehrbüchern enthaltene Grundwissen zu kennen, stelle daher eine Voraussetzung dar, die gleichermaßen für Autoren wie für interessierte Leser gelte.

Im Einzelnen fordert Kornmeier die Autoren wissenschaftlicher Abschlussarbeiten auf, alle Begriffe zu beschreiben und zu erläutern, die der „Otto-Normal-Leser" kennen muss, um das Thema und damit die gesamte Arbeit grundsätzlich verstehen zu können. Im Wesentlichen handle es sich dabei um die im Titel erwähnten Begriffe. Definitionen und Konzepte, die lediglich punktuell, d. h. in einzelnen Abschnitten bedeutsam seien, sollten an der jeweils relevanten Stelle erklärt werden.

Weiterhin seien für den Fall, dass eine empirische Studie angefertigt werde (z. B. Befragung von Managern, Beobachtung von Käufern in einem Einzelhandelsunternehmen), noch weitere Aufgaben zu bewältigen. So seien (1) relevante Theorien zu suchen und zu erläutern, mit denen das Forschungsproblem beschrieben und erklärt werde. (2) Der Stand der Forschung sei durch eine kritische Würdigung der in der Literatur dargestellten theoretischen und empirischen Befunde zu dokumentieren. Weiterhin (3) sei zu klären, ob Zugriff auf methodische Ansätze bestünde, die in der Vergangenheit entwickelt und verwendet wurden, um diese oder ähnliche Forschungsfragen zu beantworten. Und schließlich (4) sei der Versuch zu unternehmen, Hypothesen abzuleiten (vgl. ebd., 107 f.).

Im Hauptteil sollen die Forschungsziele aufgegriffen und alle damit im Zusammenhang stehenden Fragen beantwortet werden. Auch hier wird, ähnlich wie bei Karmasin und Ribing (2010, 80), die nochmalige Auseinandersetzung mit dem Stand der Forschung eingeordnet, obwohl diese bereits Gegenstand des Theorie- bzw. Grundlagenteils war. Diese sei bei einer rein theoretischen Arbeit ausführlicher zu gestalten als bei einer empirischen Studie. Dennoch sei eine empirische

Arbeit insgesamt wesentlich aufwendiger, da sie zusätzlich zum theoretischen Unterbau eine Untersuchung zu konzipieren und durchzuführen habe. Daher seien bei einer solchen Studie zusätzliche Erläuterungen über die zugrunde liegenden Ziele und Hypothesen, das Untersuchungsdesign, die Grundzüge der verwendeten Verfahren, die Art der Datengewinnung (z. B. Beobachtung, Befragung), den Aufbau von Fragebögen, die Auswahl von Versuchspersonen sowie die Größe und Struktur der Stichprobe sowie die Rücklaufquote, den zeitlichen Ablauf und die Methoden zur Analyse der erhobenen Daten zu erläutern (vgl. Kornmeier 2012, 117 ff.).

Ziel des Hauptteils sei, so Kornmeier weiter, die Beantwortung einer Reihe von Fragen. Dazu gehöre die Frage, welche Konsequenzen sich aus dem Stand der Forschung im Hinblick auf die Klärung der Forschungsfrage ergeben. Weiterhin sei zu klären, welche Hypothesen sich in Bezug auf die Forschungsfrage ableiten lassen und welche neuen Erkenntnisse die Arbeit liefert, insbesondere auch, welchen Beitrag sie zum wissenschaftlichen Fortschritt leistet (vgl. ebd.).

Bei seinen Empfehlungen zur Gestaltung des Schlusskapitels widerspricht sich Kornmeier selbst. So erklärt er zwar zunächst, dass es an dieser Stelle nicht darum gehe, alle Befunde nochmals zu wiederholen, da diese ja zuvor bereits ausführlich dargelegt worden seien. Unmittelbar darauf empfiehlt er jedoch, die Arbeit nochmals Revue passieren zu lassen und insbesondere darauf einzugehen, ob und wie die Forschungsfrage beantwortet wurde. Immerhin schließt er mit der Empfehlung, einen Ausblick auf weitere Arbeiten zu geben und dabei auch zu prüfen, ob künftige Studien, die sich mit dem gleichen Thema befassen, etwas anders machen sollten.

Kommen wir nun zu dem, was Ulrich Paetzel (2001) Autoren wissenschaftlicher Arbeiten mit auf den Weg gibt. Auch er empfiehlt die

Gliederung nach dem Muster Einleitung, Hauptteil und Schluss (vgl. ebd., 97). Zwar räumt er ein, dass sich diese drei Basisuntergliederungen eines Textes recht simpel anhören, da man sie noch vom Schulaufsatz kenne und zum Gemeingut zählen könne. Doch damit seien sie nicht überflüssig geworden. Schließlich würde diese Basisgliederung überall in der Textproduktion angewendet, so z. B. im Journalismus oder in der Werbung. Sie sei jedoch jeweils spezifisch auszufüllen. Wer sich in seinem Wirtschaftsstudium zum Beispiel auf Marketingkommunikation spezialisiere, würde erfahren, dass die Einleitung den Leser in den Text ziehen und der Schluss eine Handlungsaufforderung enthalten müsse. Die eigentliche wissenschaftliche Arbeit stehe naturgemäß im Hauptteil und Einleitung und Schluss hätten auch hier eine besondere Funktion.

Auch Paetzels Empfehlungen sollen dadurch gewürdigt werden, dass seine Kernaussagen zum Inhalt der einzelnen Gliederungspunkte im Folgenden kurz vorgestellt werden, um sie einer Diskussion zugänglich zu machen. Danach soll in der Einleitung erläutert werden, warum das gewählte Thema behandelt wird, worin das Ziel der Untersuchung besteht, welche Hypothesen geprüft und ggf. bestätigt werden sollen, wie sich das Thema von verwandten Themen abgrenzt, wie sich der Stand der Forschung darstellt, wie die Argumentation aussehen wird und mit welcher Methodik das Thema behandelt werden soll (vgl. ebd., 98).

Anders als die beiden zuvor diskutierten Autoren sieht Paetzel keinen eigenständigen Theorie- bzw. Grundlagenteil vor, sondern leitet unmittelbar zum Hauptteil über. Dieser beinhalte die inhaltliche Auseinandersetzung mit dem gewählten Thema. Dabei sei der Bogen von der Wiedergabe bestimmter Positionen über die Diskussion verschiedener Standpunkte bis hin zu eigenen Argumenten, der Verteidigung eigener Thesen, zu schlagen. Und wenn in der Arbeit Verfahren und deren Anwendungen erarbeitet oder zusammengestellt würden, gehöre dies ebenfalls in den Hauptteil. Die Feingliederung dieses Kapitels ergibt sich laut Paetzel aus dem Inhalt.

Im Schlussteil sollen die in der Einleitung aufgeworfenen Fragestellungen aufgegriffen, Antworten gegeben und so eine Art Erfolgskontrolle vollzogen werden. Dies sei einerseits ein Rückblick auf die durchlaufene Argumentation, andererseits aber auch die Eröffnung einer neuen Perspektive, in der die Forschung beispielsweise über das behandelte Thema hinaus weitergeführt werden könne (vgl. ebd., 99).

Detlef Jürgen Brauner und Hans-Ulrich Vollmer (2008) betonen an verschiedenen Stellen, dass die Entwicklung einer Gliederung bei jeder wissenschaftlichen Arbeit ein schwieriger Abwägungsprozess sei, der viele Überarbeitungen benötige, ehe ein zufriedenstellendes Ergebnis erreicht werden könne. Deswegen müssten Aufbau, Struktur und Gewichtung insbesondere im Hauptteil immer wieder verändert werden, bis die Anordnung der einzelnen Kapitel einfach und klar nachvollziehbar erscheine (vgl. ebd., 83 f.).

Besonders große Schwierigkeiten sehen sie schon bei der Konzeption einer wissenschaftlichen Arbeit. Zwar sei diese eine Vorbedingung für erfolgreiches Arbeiten, jedoch könne sie im Anfangsstadium gar nicht detailliert ausgearbeitet werden, sondern umfasse zunächst nur eine grobe Vorstellung über das geplante Vorgehen. Die Entwicklung des Konzepts erfolge erst während der Entstehungsphase, das Schreiben der Arbeit sei also als ein Prozess permanenter Überarbeitung und Verbesserung zu verstehen (vgl. ebd., 88).

Trotz dieser Einschränkungen erklären auch Brauner und Vollmer gleich an mehreren Stellen (vgl. ebd., 19, 53, 81), dass eine Gliederung in die drei Abschnitte Einleitung, Hauptteil und Schluss eingeteilt werden kann. Immerhin schränken sie aber ein, dass diese Erkenntnis rein formaler Natur sei und für die inhaltliche Gliederung der Arbeit keine brauchbaren Anhaltspunkte liefere. Sicher sei nur, wie die drei Abschnitte miteinander in Zusammenhang stünden: der logisch aufzubauende und sinnvoll zu gliedernde Gang der Untersuchung sei Inhalt des Hauptteils und werde in der Einleitung überblicksartig beschrieben. Der Inhalt des Schlussteils werde bestimmt durch die Ergebnisse des Hauptteils und den daraus zu ziehenden Schlussfolgerungen. Demzufolge würden Einleitung und Schluss erst dann mit Inhalten gefüllt werden können, wenn der Hauptteil relativ gut entwickelt sei (vgl. ebd., 81).

Auf der Grundlage dieser Einsichten geben Brauner und Vollmer in der Folge eine ganze Reihe von Empfehlungen zur inhaltlichen Gestaltung der Gliederung. Dabei unterscheiden sie zwischen verschiedenen Formen wissenschaftlicher Arbeiten.

Für alle Formen wissenschaftlicher Arbeiten wird der Einleitung die Funktion zugeschreiben, dem Leser einen Überblick über den Aufbau und Inhalt der Untersuchung zu vermitteln, ohne wesentliche Ergebnisse vorwegzunehmen. Die Einleitung beziehe sich dabei auf den gesamten Inhalt und enthalte damit Aussagen zu allen ihren Teilen (vgl. ebd., 131).

Bei der Bachelor- und Masterarbeit sei in der Einleitung die besondere Bedeutung des Themas zu begründen, das Ziel der Arbeit zu formulieren und der gewählte Untersuchungsansatz sowie die Vorgehensweise zu beschreiben. Bei Doktorarbeiten werde das Thema nicht nur begründet, sondern aus dem Zusammenhang entwickelt. Dies erfordere eine längere Einleitung, in der nach wenigen einführenden Sätzen der Forschungszusammenhang darzustellen und die Forschungsfrage zu entwickeln sei. Deren Begründung und Einbettung könne in einen erweiterten Zusammenhang gestellt werden, in dem die angestrebten

Erkenntnisse (der Beitrag der Arbeit zum Fortschritt der Wissenschaft) angesiedelt werden (vgl. ebd.).

Soweit erscheinen die Empfehlungen nachvollziehbar. Doch was folgt, sorgt für einige Verwirrung. So heißt es zunächst, Problemstellung, Methodik und Gang der Untersuchung seien bei einer Doktorarbeit in einem eigenen Kapitel unterzubringen, während es bei Bachelor- und Masterarbeiten üblich sei, diese Aspekte im Rahmen der Einleitung in wenigen Sätzen darzustellen. Zwar seien diese Aspekte auch bei Bachelor- und Masterarbeiten von höchster Bedeutung, da sie nicht nur die Darlegung, Verdeutlichung und Begründung des Ablaufs enthalten, sondern dem Verfasser darüber hinaus auch zur Erkenntniskontrolle und zur Überprüfung seines Vorhabens dienen (vgl. ebd., 90), dennoch sei die Beschränkung der Darlegung der Konzeption auf wenige Sätze in der Einleitung vollkommen ausreichend (vgl. ebd., 88).

Eine Empfehlung, Aspekte, die für eine wissenschaftliche Arbeit von zentraler Bedeutung sind, in wenigen Sätzen abzuhandeln, erscheint an sich schon problematisch. Doch die Verwirrung wird noch größer, wenn es in der Folge heißt, dass Aussagen zur Konzeption nicht einmal zwingend Bestandteil der Endfassung einer wissenschaftlichen Arbeit zu sein brauchen (vgl. ebd., 88). Sogar auf die Darlegung der Problemstellung kann man angeblich verzichten (vgl. ebd., 90). Dabei erklären Brauner und Vollmer gleich darauf, welche wichtigen Aspekte darunter zu subsumieren sind: der Ausgangspunkt der Fragestellung und die zu bearbeitende Problemstellung, die Hauptlinie des methodischen Vorgehens, also der gewählte Untersuchungsansatz, die mit der Durchführung verbundenen Probleme und deren Berücksichtigung sowie das Ziel der Untersuchung. Zusammenfassend lässt sich feststellen, dass sich die Autoren bei ihren Empfehlungen zur Gestaltung der Einleitung in einige Widersprüche verstricken.

Die Gliederung des Hauptteils einer wissenschaftlichen Arbeit erklären sie in der Folge zu einer derart komplexen Aufgabe, dass man sich verschiedener Hilfsmittel bedienen müsse. Ziel sei es, einen logischen Aufbau zu erreichen, der durch informative Beziehung der einzelnen Gliederungspunkte das Interesse des Lesers wecke und die Kompetenz des Autors zum Ausdruck bringe. Obwohl die Entwicklung einer Gliederung des Hauptteils sehr viel Kreativität erfordere, würden Grundstrukturen existieren, nach denen alle wissenschaftlichen Arbeiten aufgebaut seien (vgl. ebd., 81).

Diese Grundstruktur bestehe auf der obersten Gliederungsebene aus einer theoretischen Grundlegung und aus der praktischen Anwendung. Anders als andere Autoren schlagen sie für theoretische Betrachtungen also kein eigenständiges Kapitel vor, sondern bringen diese im Hauptteil von Arbeiten unter. Die damit verbundene Idee dürfte jedoch die gleiche sein (vgl. ebd., 82).

Für die theoretische Grundlegung schlagen Brauner und Vollmer eine mögliche Einteilung dahin gehend vor, dass zunächst die Ausgangspunkte der Untersuchung beschrieben werden sollen. Dem soll die Darlegung theoretischer Erklärungsmodelle folgen, bevor die Anwendung der Modelle sowie die Methodik erläutert werden sollen. Dem sollen sich Beobachtungen zu Weiterentwicklungen in der Literatur anschließen, bevor am Ende eigene Entwicklungen im Sinne einer Synthese stehen sollen. Und auch zur Darstellung der praktischen Anwendung machen sie detaillierte Gliederungsvorschläge. So sollen in diesem Zusammenhang zunächst Annahmen und Prämissen geklärt werden, bevor im Anschluss daran das Untersuchungskonzept und die Auswahl des Untersuchungsgegenstands vorzustellen sind. Der anschließenden Erläuterung des Instrumentariums soll eine Darstellung des Umfangs und der Repräsentativität der zugrunde gelegten Datenbasis folgen. Schließlich folgen die Durchführung und die Darstellung der Ergebnisse (vgl. ebd., 82).

Diese Grundstruktur setze allerdings nur einen Orientierungsrahmen. Die relevanten Inhalte müssten nach dem Prinzip „Vom Einfachen zum Schweren“ dargestellt werden. Dazu solle jedes Kapitel neues Wissen vermitteln, welches auf den Inhalten der vorhergehenden Kapitel aufbaue. Die Einteilung in Kapitel habe also auch eine didaktische Funktion, die vielfältige Möglichkeiten des Aufbaus der Argumentation und der Darstellung eröffne.

Leider verstricken sich Brauner und Vollmer auch bei ihren Empfehlungen zum Hauptteil wissenschaftlicher Arbeiten in Widersprüche. So erklären sie, wie oben wiedergegeben, auf der einen Seite, dass die Darstellung der Ergebnisse am Ende der Erläuterungen zur praktischen Anwendung stehen sollten, wobei diese wiederum Bestandteil des Hauptteils seien (vgl. ebd., 81). Später erklären sie jedoch, das Ergebnis sei nicht mehr Bestandteil des Hauptteils, sondern gehöre in ein eigenes Kapitel (vgl. ebd., 131).

Insgesamt lässt sich also festhalten, dass die Gliederung wissenschaftlicher Arbeiten zumindest für Brauner und Vollmer ganz offensichtlich so schwierig ist, wie sie dies mehrfach betonen. Anlass zur Verallgemeinerung gibt das jedoch nicht.

Ein weiterer Ratgeber zum wissenschaftlichen Schreiben wurde von Helga Esselborn-Krumbiegel (2008) vorgelegt. Auch hier findet sich die Empfehlung, Arbeiten in eine Einleitung, einen Hauptteil und einen Schluss zu untergliedern.

Die Einleitung einer Arbeit wird als der Ort beschrieben, an dem der Autor mit dem Leser in Kontakt tritt (vgl. ebd., 148 ff.). Hier würden die Grundlagen für das Verständnis der gesamten Studie gelegt werden. Dazu würden zwar auch schon der Titel und das Inhaltsverzeichnis dienen, doch nun gehe es darum, das Thema darzustellen. Dies umfasse die Erläuterung der Fragestellung und die Ausarbeitung des zugrunde gelegten Materials. Bei einer literaturwissenschaftlichen Untersuchung bestünde dies aus dem zur Verfügung stehenden Textmaterial. Die Textauswahl sei zu begründen. Anschließend sei die Fragestellung zu präzisieren. Bei einer historischen Arbeit sei dagegen zuerst die Fragestellung zu verdeutlichen, um danach aufzuzeigen, welches Quellenmaterial vorliege. Bei einer betriebswirtschaftlichen Arbeit werde schließlich zuerst die Ausgangssituation skizziert, um daraus die eigene Fragestellung ableiten zu können.

Das Thema zu erläutern, bedeute, die Frage sichtbar zu machen, die hinter dem gewählten Thema stehe. Darüber hinaus müsse der Autor dem Leser einen Überblick über die Forschungslage geben und den Standort innerhalb der Forschungsdiskussion skizzieren. Diese Standortbestimmung mache dem Leser deutlich, von welcher Warte aus das Thema angegangen werde (vgl. ebd., 148 ff.).

Zur Reihenfolge der Schritte innerhalb der Einleitung erklärt Esselborn-Krumbiegel (vgl. ebd., 150), dass diese grundsätzlich variabel ist. So könne man zum Beispiel auch mit dem Aufriss der Problemlage beginnen, die Relevanz des Problems aufzeigen und erst danach den Stand der Forschung umreißen. Lediglich in einer empirischen bzw. naturwissenschaftlichen Arbeit sei die Reihenfolge weitgehend vorgegeben. Hier sei zunächst anhand der Literatur der aktuelle Forschungsstand darzustellen, um anschließend das offene Problem zu formulieren. Um demonstrieren zu können, welche Lücke mit der beabsichtigten Untersuchung geschlossen werden solle, sei die Arbeit in einen größeren Forschungskontext zu stellen.

Nach der Standortbestimmung soll das methodische Vorgehen knapp skizziert werden (vgl. ebd., 151 ff.). Dazu gibt die Autorin ihren Lesern eine Reihe von Fragen an die Hand, so z. B. welche Gegenstände bzw. welches Material untersucht werde, welche Leitfrage gestellt würde, um Antworten auf die zentrale Forschungsfrage zu erhalten, welche Einzelschritte zur Beweisführung geplant seien und welche Voraussetzungen der Leser eventuell benötige, um der Argumentation folgen zu können.

Weiterhin seien Fachbegriffe zu klären. Wenn deren Gebrauch strittig sei, solle man sich zunächst über den aktuellen Stand der Begriffsdefinition informieren, um sich auf dieser Basis begründet für eine Begriffsdefinition zu entscheiden (vgl. ebd., 153).

Eine solche Betonung der Notwendigkeit von Definitionen findet sich in der analysierten Literatur mehrfach, so z. B. auch bei Kornmeier (2012, 107 ff.). Allerdings sind die Angaben dazu, welche Begriffe an welcher Stelle einer Abschlussarbeit aus welchem Grund und in welchem Umfang definiert werden sollen, unscharf und widersprüchlich. Während Kornmeier mithilfe von Begriffsklärungen selbst Laien in die Lage versetzen möchte, eine wissenschaftliche Arbeit zu verstehen, beschränkt Esselborn-Krumbiegel ihre diesbezügliche Forderung darauf, dass sich der Autor bei strittigen Begriffsverwendungen für eine Verwendung entscheiden und diese Entscheidung begründen soll. Ferner findet sich bei Kornmeier der Hinweis, dass Definitionen an verschiedenen Stellen vorgenommen werden können, während Esselborn-Krumbiegel Definitionen als Teil der Einleitung betrachtet. Angesichts dieser Unschärfen wird im weiteren Verlauf der vorliegenden Arbeit exakter zu klären sein, welchen Zweck Definitionen tatsächlich erfüllen und an welchen Stellen einer Abschlussarbeit sie demzufolge vorzunehmen sind.

Schließlich empfiehlt Esselborn-Krumbiegel, zumindest die Richtung anzudeuten, aus der die Antwort auf die Forschungsfrage erwartet werden kann. Die zweite Möglichkeit bestünde darin, bereits hier das konkrete Ergebnis zu skizzieren. Für welche Variante sich der Autor entscheide, hänge von seiner Argumentation ab. Sei er sich sicher, dass seine Argumentation klar gegliedert und nachvollziehbar ist, könne er sich für die „Krimi-Variante" entscheiden, die zunächst die Lösung noch geheim hält. Sicherer sei es jedoch in jedem Fall, die Ergebnisse schon in der Einleitung zu nennen, damit der Leser das Ziel der Argumentation kenne. Wenn ihm zusätzlich noch der Ablauf der Untersuchung angekündigt werde, sei er stets gut orientiert.

Für die Strukturierung des Hauptteils sieht Esselborn-Krumbiegel mehrere Möglichkeiten und stellt eine chronologische, eine systematische und eine hierarchische Gliederung vor (vgl. ebd., 115 ff.). So könne man Ergebnisse z. B. in zeitlicher Reihenfolge präsentieren, eine Abfolge verschiedener Phasen darstellen oder eine fortlaufende Entwicklung postulieren. Voraussetzung dafür sei jedoch, dass sich das Material durch eine chronologische Anordnung erschließt. Als Beispiel nennt sie historische Themen, die interpretierend eine Ereignisfolge nachzeichnen oder Gründe und Ursachen einer Entwicklung benennen. Bei einer systematischen Gliederung würden die Antworten auf die Unterfragen des Themas wie Perlen auf einer Kette gleichberechtigt nebeneinander gereiht. Diese Gliederung setze voraus, dass die gebildeten Kategorien ungefähr gleich wichtig sind und in der Darstellung auch gleich gewichtet werden. Entsprechend würden sich die einzelnen Kapitel der Arbeit mit je einer Kategorie befassen, die es zu etablieren, zu beschreiben und zu interpretieren gelte. Als Beispiel führt sie das Thema „Soziale Indikatoren für das Wachstum der Volkswirtschaft" an, bei dem Gesichtspunkte wie Leistungs- und Verteilungsindikatoren in etwa gleich wichtig seien. Würde dagegen jede

Kategorie zwar für sich eine notwendige Antwort auf die zentrale Frage der Arbeit bieten, diese Antworten jedoch unterschiedlich wichtig sein, solle man die Ergebnisse hierarchisch gliedern. Die Kapitel würden dann nach ihrer Wichtigkeit entweder in aufsteigender oder in absteigender Folge geordnet.

Weiterhin unterscheidet Esselborn-Krumbiegel die deduktive von der induktiven Gliederung (vgl. ebd., 121 ff.). In beiden Fällen würden Hypothesen und ihre Belege die Struktur bestimmen. Die deduktive Gliederung gehe jedoch von Hypothesen aus und beweise sie durch Belege, während bei der induktiven Gliederung genau umgekehrt vorgegangen werde: So werde zunächst das vorgefundene oder erhobene Material analysiert und interpretiert, um daraus im Anschluss Thesen abzuleiten.

Als weitere Möglichkeit, den Hauptteil zu strukturieren, kommt nach Esselborn-Krumbiegel die Orientierung an Ursache-Wirkungs-Zusammenhängen infrage. Für die Gliederung stünden dabei verschiedene Varianten zur Verfügung. So könne man von einer Ursache ausgehen und ihre Wirkungen beschreiben. Ebenso könne man aber auch von der Beschreibung eines Phänomens ausgehen und nach den verschiedenen Ursachen fragen (vgl. ebd., 124).

Für Arbeiten, die Vergleiche anstellen, schlägt Esselborn-Krumbiegel die Relationsgliederung vor. Dabei gebe es zwei Darstellungsmodelle: die Blockgliederung oder die alternierende Gliederung. Die Blockgliederung untersuche zunächst die gegebenen Gegenstände unabhängig voneinander und führe erst dann die Einzelergebnisse in einem Vergleich zusammen. Dies biete sich an, wenn die Unterschiede sehr groß seien. Die alternierende Gliederung biete sich dagegen an, wenn Gegenstände verglichen würden, die mehr Ähnlichkeiten als Unterschiede aufweisen. In diesem Fall würden in einem ersten Schritt beide Gegenstände unter einer Vergleichshinsicht untersucht, um Gemeinsamkeiten und Unterschiede festzuhalten. Danach würden dieselben Objekte auf ein weiteres Vergleichsmoment hin analysiert. Nach jedem Vergleich folge eine kurze Zusammenfassung der Ergebnisse, die später in einer Folgerung zusammengeführt würden (vgl. ebd., 126 ff.).

Für die Ergebnisse ist nach Esselborn-Krumbiegel ein eigenes Kapitel vorzusehen, in dem diese knapp und ohne Literaturverweise vorgestellt werden. Die Interpretation der Ergebnisse soll dann in einem weiteren Kapitel erfolgen. Dabei seien die Ergebnisse zunächst in wenigen Sätzen zu rekapitulieren, um dann zu prüfen, ob sie die Hypothesen bestätigen oder widerlegen. Die Hypothesen seien dann in Beziehung zur Fragestellung zu setzen. Anschließend sollen die Ergebnisse mit den in der Forschung vertretenen Positionen verglichen werden. Mögliche Fehlerquellen der Untersuchung einschließlich der Methode müssten kritisch überprüft werden. Schließlich seien die eigenen Ergebnisse in Beziehung zu den in der Einleitung aufgeführten Forschungsergebnissen zu setzen (vgl. ebd., 145).

Den Schlussteil einer wissenschaftlichen Arbeit hält Esselborn-Krumbiegel für variabler als die Einleitung. Für ihn gebe es kaum verbindliche Regeln (vgl. ebd., 155 f.). Erwartet werde im Schluss lediglich eine Zusammenfassung der Ergebnisse. Diese dürfe jedoch nicht die ganze Arbeit noch einmal rekapitulieren, sondern solle so knapp wie möglich Ergebnisse präsentieren. Vor allem sollten im Schlussteil keine neuen Fakten mehr ausgebreitet oder Folgerungen gezogen werden, die zur Beantwortung der zentralen Frage der Arbeit gehören. Zusätzlich sei ein Ausblick sinnvoll, der andeute, welche weiterführenden Fragen die gewonnenen Erkenntnisse aufwerfen würden. Um Einleitung und Schluss aufeinander zu beziehen, könne man z. B. in der Einleitung aufzeigen, welcher Nutzen von der Lösung des anstehenden Problems zu erwarten sei. Im Schlussteil würden dann konkrete Möglichkeiten der Anwendung skizziert.

Die von Esselborn-Krumbiegel vorgeschlagene Aufteilung des Hauptteils in mehrere Kapitel ist ohne Zweifel vorstellbar. Allerdings stellt sich die Frage, warum die Zusammenfassung der Ergebnisse und deren Interpretation zwingend Bestandteil des Hauptteils sein müssen und nicht alternativ auch Bestandteil des Schlussteils sein können. Eine logische Begründung erscheint schwierig. Insofern zeigt sich auch hier wieder die hier mehrfach identifizierte Beliebigkeit von Zuordnungsmöglichkeiten der Inhalte einer Abschlussarbeit zu den groben Gliederungspunkten Einleitung, Hauptteil und Schluss.

Wenden wir uns nun dem Ratgeber von Norbert Franck und Joachim Stary (2009) zu, der sich bei seinen Empfehlungen zur Gliederung wissenschaftlicher Arbeiten ebenso wie alle anderen, bisher zitierten Werke an dem Schema Einleitung, Hauptteil und Schluss orientiert. Im Gegensatz zu Esselborn-Krumbiegel, die sich ja vor allem mit dem Hauptteil sehr ausführlich befasst, beschränken sich diese beiden Autoren diesbezüglich auf den kurzen Hinweis, dass darin Begriffe zu klären seien, was allerdings so kurz wie möglich erfolgen solle (vgl. ebd., 148). Alle anderen Ausführungen beziehen sich auf die Einleitung und auf den Schluss.

Das erscheint insofern bemerkenswert, als der Begriff Hauptteil eigentlich darauf verweist, dass es vor allem auf ihn besonders ankommt. Daraus ließe sich die Notwendigkeit ableiten, vor allem ihm besondere Aufmerksamkeit zu widmen, so wie z. B. Esselborn-Krumbiegel (2008, 115 ff.) dies getan hat. Doch auch bei der Analyse anderer Ratgeber wie z. B. dem von Heister und Weßler-Poßberg (2007, 18 ff.) ist schon aufgefallen, dass exakte Hinweise zur Strukturierung und inhaltlichen Ausgestaltung des Hauptteils offensichtlich

Schwierigkeiten bereiten. Daher wird im weiteren Verlauf der vorliegenden Arbeit zu klären sein, worin die Ursachen dafür liegen könnten. Doch dazu später mehr. Hier soll zunächst die Analyse der Situation fortgesetzt werden.

Folgt man Franck und Stary (2009, 142) weiter, so soll die Einleitung vor allem zum Lesen einladen. Anhand eines fiktiven Dialogs zwischen Leser und Autor versuchen die beiden Autoren deutlich zu machen, wie sie diesen Hinweis verstanden wissen wollen. So soll der Autor einer wissenschaftlichen Abschlussarbeit z. B. die Frage des Lesers nach dem Nutzen mit einem Hinweis auf die Wichtigkeit des Themas beantworten. Im Einzelnen habe eine Einleitung die Funktion, das behandelte Problem darzustellen, den Gegenstand zu präzisieren, ihn ein- und abzugrenzen, den Ertrag zu skizzieren, die Voraussetzungen zu erläutern, unter denen das Thema behandelt werde, die verwendeten Methoden, Daten usw. vorzustellen und den Aufbau der Arbeit zu begründen (vgl. ebd., 143 f.).

Der Schluss soll die Arbeit nur noch abrunden. Dafür, so Franck und Stary, gebe es keine verbindliche Form. Man könne die Zusammenfassung um eine Bewertung der Ergebnisse und um einen Ausblick ergänzen. Auch könne man auf ungeklärte Probleme hinweisen oder die behandelte Fragestellung in einen größeren Zusammenhang einordnen. Und auch eine Schlussfolgerung aus persönlicher Sicht sei denkbar.

Ähnlich knapp äußern sich Klaus Samac, Monika Prenner und Herbert Schwetz (2009) in ihrem Ratgeber zur Anfertigung von Bachelorarbeiten zu deren Gliederung. Auch sie gehen vom Schema Einleitung, Hauptteil und Zusammenfassung aus, und auch sie geben die detailliertesten Hinweise zur Einleitung, während die Ausführungen zu

Hauptteil und Schluss ebenso knapp ausfallen wie bei Franck und Stary (2009).

Die Einleitung soll in die Problematik einführen. Unter Bezugnahme auf Karmasin und Ribing (2010, 27[6]) erklären Samac, Prenner und Schwetz, dass dazu die Relevanz des Themas, die Forschungsfrage sowie die Vorgehensweise zur Beantwortung dieser Frage zu erläutern sind (vgl. Samac et al., 60 f.). Weiterhin seien die Ziele anzugeben und zentrale Begriffe zu definieren. Letztere sollen durch eine Auseinandersetzung mit der aktuellen Literatur gewonnen werden, um damit zugleich auch das eigene Wissenschaftsverständnis zu deklarieren, denn hinter den Begriffen würden Theorien, Menschen- und Weltbilder stehen, deren Übernahme in der Arbeit explizit reflektiert werden sollte. Anschließend seien bestehende Theorien oder dokumentiertes Praxiswissen zur Forschungsfrage argumentativ, vergleichend und kritisch zu erläutern, zusammenzufassen und konkrete Schlussfolgerungen für deren praktische Bedeutsamkeit zu ziehen. Für den Fall, dass konkrete Beispiele aus der Fachpraxis einbezogen würden, seien die theoretisch erarbeiteten Erkenntnisse zur Analyse und Reflexion der Praxis einzusetzen. Eine beschreibende Dokumentation allein entspräche nicht einem wissenschaftlichen Vorgehen.

Der Hauptteil einer Bachelorarbeit sei der Beantwortung der Forschungsfrage zu widmen und umfasse in der Regel mehrere Kapitel. Hierbei müsse der rote Faden erkennbar sein. Bei einer Literaturarbeit umfasse der Hauptteil eine kritische Auseinandersetzung mit der Literatur in Bezug auf die Forschungsfrage. Bei einer empirischen Arbeit sei der Theoriebezug auf Grundlage aktueller Fachliteratur herzustellen. Weiterhin sei die verwendete Methode auf der Grundlage methodologischer Literatur zu umreißen und intersubjektiv nachvollziehbar

[6] Samac, Prenner und Schwetz zitieren die 4. Auflage aus dem Jahr 2007.

zu dokumentieren, und schließlich müssten die Ergebnisse korrekt dargestellt und interpretiert werden (vgl. ebd., 61).

In einem Schlusskapitel sollen die wesentlichen Aussagen einer Bachelorarbeit zusammenfassend dargestellt werden. Im Einzelnen gehöre dazu neben der Präsentation der Ergebnisse auch eine Diskussion, welche Schlüsse allgemein gezogen werden könnten, welche konkreten Konsequenzen für zukünftige Tätigkeiten ableitbar wären und welche Fragen offengeblieben seien und einer weiteren Analyse bedürften. Wer nur die Einleitung und die Zusammenfassung lese, müsse zumindest darüber informiert sein, welche Fragen warum und wie behandelt wurden und was die Antworten seien (vgl. ebd., 64).

Nach der bisherigen Durchsicht der Quellen könnte man sicher schon jetzt zu der Einsicht gelangt sein, dass die eingangs aufgestellten Behauptungen inzwischen hinreichend belegt wurden. Doch die wissenschaftliche Redlichkeit gebietet, zumindest den Versuch zu unternehmen, möglichst alle relevanten Quellen zu berücksichtigen, um die eingangs aufgestellten Behauptungen umfassend zu belegen und um sicherzustellen, dass der eigene Vorschlag, der später entwickelt werden soll, nicht schon an anderer Stelle unterbreitet wurde. Daher soll die Recherche mit der Auswertung des Ratgebers von Wolfram E. Rossig und Joachim Prätsch (2008) fortgesetzt werden. Und wie kaum anders zu erwarten, stützen auch sie ihre Empfehlungen zur Gliederung wissenschaftlicher Arbeiten auf das nun schon hinreichend bekannte Schema (vgl. ebd., 85 ff.).

Jede Arbeit erfordere einen einleitenden Abschnitt, der neben den nachfolgend genannten Aufgaben vor allem auch die Funktion habe, beim Leser Interesse zu wecken. Zu den konkreten Aufgaben gehören weiterhin die Hinführung zum Thema, die Erläuterung des Gegenstands und der Zielsetzung der Arbeit, die Ab- und Eingrenzung und deren Begründung, die Darstellung der methodischen Vorgehensweise und des Gangs der Untersuchung. In besonderen Fällen wie z. B. bei empirischen oder juristischen Arbeiten könne Letzteres auch Gegenstand des Hauptteils sein. Weiterhin seien der Aufbau und die Argumentationslinie der Arbeit bis hin zu einem kommentierenden Überblick über die Arbeit darzulegen. Gegenstand der Einleitung seien weiterhin Begriffsklärungen, die zum Verständnis des Themas und der Gesamtheit erforderlich seien, während Definitionen, die nur für einzelne Abschnitte von Bedeutung seien, auch erst in den entsprechenden Kapiteln erklärt werden sollten. Schließlich sei u. U. die Herkunft der verwendeten Quellen anzugeben (vgl. ebd., 85 f.).

Im Hauptteil seien das Thema und die Fragestellung in ihrer ganzen Breite und Tiefe systematisch, vollständig, nachvollziehbar und richtig zu behandeln. Dies umfasse auch die Einordnung in den Wissensstand des Fachgebiets. Auf dieser Basis seien dann Arbeitshypothesen mit noch zu beweisenden Aussagen über vermutete Zusammenhänge, Modelle, anerkannte und für das Thema geeignete Methoden, Versuche, Beobachtungen, Simulationen und Umfragen (Methoden, Beschreibungen, Durchführung, Ergebnisse, Auswertung) zu erläutern. Dem habe sich die kritische Bewertung der erarbeiteten Ergebnisse anzuschließen.

Ähnlich wie Kornmeier (2012, 96) erklären auch Rossig und Prätsch (2008, 88), dass Struktur und Inhalt des Hauptteils so stark von der jeweiligen Themenstellung abhängig sind, dass keine allgemeinen Regeln dafür aufgestellt werden können. Daher beschränken sie sich auf allgemeine Hinweise wie z. B. den, dass die Argumentation einer thematisch logischen Folge entsprechen muss und dass die Reihenfolge der behandelten Aspekte Wiederholungen ausschließen soll. Auch soll die Gliederung systematisch, die Argumentation logisch und richtig sein. Diese sowie alle weiteren Forderungen sind ohne Zweifel nachvollziehbar, helfen jedoch bei der konkreten Aufgabe, eine wissenschaftliche Arbeit zu gliedern, nicht wirklich.

Die Notwendigkeit eines Schlussteils hat für Rossig und Prätsch (vgl. ebd., 91) rein rhetorische Gründe. Hier seien die Ergebnisse des Hauptteils unter Bezugnahme auf die in der Einleitung aufgeworfenen Fragen zusammenfassend darzustellen. Weiterhin seien die Ergebnisse kritisch zu würdigen und auch offengebliebene Fragen seien anzusprechen. Schließlich sei ein Ausblick zu geben.

Auch Axel Bänsch (2008, 4) legt Wert auf die Feststellung, dass Einleitung und Schluss eine Art Kreis bilden sollen, indem die zu Beginn formulierte Forschungsfrage am Ende beantwortet wird. Dabei sei eine „vollkommene Harmonie“ anzustreben. Dass er dabei von Basis-, Kern- und Schlussabschnitt spricht, stellt nur eine begriffliche Abwandlung der bisher vorgestellten Gliederungsvorschläge dar. Allerdings beschränkt er sich bei seinen Erläuterungen zum Inhalt aller drei Gliederungsabschnitte vor allem auf die Forschungsfrage in Verbindung mit den Untersuchungszielen, die sich daraus ableiten würden.

Noch weniger Hinweise zur Gliederung wissenschaftlicher Abschlussarbeiten findet man bei Umberto Eco und Walter Schick (2010). Sie befassen sich vorrangig mit Inhaltsverzeichnis und Einleitung und erklären dazu, dass beides mit dem Fortschreiben der Arbeit laufend umgeschrieben werden müsse. Dass dem so sei, bräuchte man nicht erklären, weil es sich von selbst verstehe: „So macht man das immer.“ Sie gehen sogar so weit, zu behaupten, dass eine Arbeit, bei der dies nicht der Fall sei, keine neuen Ideen hervorbringen könne (vgl. ebd., 145). Weiterhin sei die Einleitung nichts anderes als die kommentierende Beschreibung des Inhaltsverzeichnisses (vgl. ebd., 143 f.). Schließlich würden die logischen Grundsätze, nach denen wissenschaftliche Abschlussarbeiten aufzubauen seien, vom Typ der Arbeiten abhängen. In einer historischen Arbeit könnte man z. B. chronologisch vorgehen oder auch nach dem Schema Ursache – Wirkung. Und auch ein raumbezogenes oder vergleichend-gegenüberstellendes Vorgehen sei möglich (vgl. ebd., 146).

Etwas ausführlicher äußert sich Manuel René Theisen (2009) zur Gliederung wissenschaftlicher Abschlussarbeiten. Zwar sei eine Arbeit nicht schon deshalb systematisch aufgebaut, weil sie über die klassischen Schulaufsatz-Bestandteile Einleitung, Hauptteil und Schluss verfüge, ohne konkreten Themenbezug sei ein Vorschlag aber gar nicht möglich (vgl. ebd., 131). Trotz dieser Einschränkungen orientiert er sich bei seinen weiteren Ausführungen am Schulaufsatz-Schema.

Wie wenig konkret diese sind, zeigen bereits die Vorüberlegungen dazu (vgl. ebd., 131 f.). So könne grundsätzlich zwischen verschiedenen Strukturierungsprinzipien gewählt werden, die allerdings innerhalb einer Arbeit nicht gewechselt oder vermischt werden dürften. So folge man dem aufbauenden Prinzip, wenn man die zur Argumentation notwendigen Bestandteile schrittweise zusammentrage; auf diese Weise entstünde ein langsam sich vervollständigendes Bild, das deshalb auch in der Regel kein abschließendes oder zusammenfassendes Kapitel erfordere. Nach dem kumulierenden Prinzip folge zwar auch ein schrittweises Ansammeln einzelner Argumentationselemente, hier entstünde aber eine Reihung, die zwingend mit einer zusammenfassenden bzw. kommentierenden Bemerkung abgeschlossen werden müsse. Dem aufzählenden Prinzip würde man folgen, wenn alternative Modelle vorgestellt werden, die in eine einfache numerische Ordnung gebracht und weitgehend unabhängig voneinander abgehandelt werden könnten; diese Form eigne sich insbesondere für Beschreibungen und Materialsammlungen. Darüber hinaus könne zusätzlich noch zwischen einengenden und ausweitenden Prinzipien unterschieden werden. Während im Regelfall in einer wissenschaftlichen Abhandlung vom Allgemeinen zum Speziellen vorgegangen werde, erfordere das ausweitende Prinzip die Einbettung eines einleitend vorgestellten Untersuchungskerns in einem größeren Zusammenhang. Erfahrungsgemäß würden die meisten Themen aber hinsichtlich ihres potenziellen Aufbaus nicht viel Spielraum bieten. Häufig verlange bereits die Fragestellung einen Vergleich oder der Untersuchungsgegenstand selbst bedinge zwingend einen bestimmten Aufbau.

An den nachfolgend zitierten Aussagen ist vor allem interessant, dass Theisen (vgl. ebd., 132) weder eine Einleitung noch ein Schlussteil für zwingend erforderlich hält: Eine Einleitung oder Einführung müsse nur, wenn sie ausdrücklich vorgesehen sei, als Bestandteil des Textes gestaltet werden. Inhaltlich könnten dann Ausführungen zur Rechtfertigung der Themenstellung, zum Ziel der Arbeit, zur Abgrenzung des Themas, zu themenbezogenen Definitionen und zum Stand der Forschung enthalten sein. Und auch ein Überblick über den Aufbau der Arbeit sowie über die Argumentationsfolge sei möglich. Keinesfalls sei die Einleitung jedoch eine Art Nacherzählung der Gliederung.

Dass Theisen die Struktur des Seins unabhängig vom Prozess des Werdens begreift, wird an seiner Empfehlung deutlich, die Einleitung erst zu schreiben, wenn der Hauptteil fertig ist (vgl. ebd., 132 f.). Das begründet er damit, dass auch dem Verfasser erst am Ende bekannt sei, was wirklich geleistet werden konnte; nur eine im Nachhinein geschriebene Einleitung könne eine Kostprobe für den Leser und Einladung zur weiteren Lektüre sein.

Der Inhalt des Hauptteils ist nach Auffassung von Theisen (vgl. ebd., 133) ganz und gar vom Thema und von der Argumentationsfolge abhängig. Daher bleiben seine diesbezüglichen Empfehlungen so knapp, formal und allgemein, dass sie hier nicht weiterführen.

Dass Theisen (vgl. ebd., 133 ff.) auch einen Schlussteil für entbehrlich hält, wurde oben schon erwähnt: Soweit nicht der Aufbau einen abschließenden Teil aus systematischen Gründen zwingend verlange, liege es im Ermessen des Verfassers der Arbeit oder des Betreuers bzw. Prüfers, einen solchen vorzusehen. Vor allem sei eine Zusammenfassung bzw. Wiederholung der Ergebnisse in Prüfungsarbeiten eher unangebracht. Zum einen könne der Platz – insbesondere bei einer vorgegebenen Seitenzahlbeschränkung – für Ausführungen zum Thema besser genutzt werden. Zum anderen gebe ja schon die zwingend erforderliche Gliederung einen Überblick. Für zusammenfassende Schlussbemerkungen bestehe also nur dann ein zwingender Bedarf, wenn die Gliederung nicht aussagekräftig sei oder wenn der Prüfer die Lektüre der Ausführungen überhaupt nicht beabsichtige – also niemals.

Werde aber ein abschließendes Kapitel wegen des Aufbaus oder vom Prüfer gefordert, könnten dort Gedanken der Einleitung wieder aufgegriffen und abgerundet werden, es könne ein Rückblick oder ein interessanter Ausblick aufgezeigt werden; die Anforderungen bzw. Eigenheiten des Prüfers seien dabei vorrangig zu beachten. Ein Vergleich mit themenverwandten Arbeiten und Untersuchungsergebnissen oder gar der Hinweis auf einige, in der eigenen Arbeit nicht geklärten Probleme sei zu vermeiden. Derartige Ausführungen gehörten – wenn überhaupt – im Gesamtzusammenhang der eigenen Argumentation in den Hauptteil der Arbeit. Ebenso wie der Hinweis auf weiterführende Fragestellungen seien solche Anregungen grundsätzlich wissenschaftlichen Aufsätzen und Diskussionspapieren vorbehalten. In keinem Fall solle eine Prüfungsarbeit mit einer Bewertung schließen, welche die Beurteilung durch den Prüfer vorwegnehme.

Zum Abschluss dieser Literaturrecherche wollen wir uns nun mit dem Ratgeber von Helmut Balzert, Christian Schäfer, Marion Schröder und

Uwe Kern (2010) befassen. Sie trennen zwischen dem Prozess des Werdens und der Struktur des Seins, indem sie zunächst den Forschungsprozess in sieben Schritten beschreiben (vgl. ebd., 51) und davon losgelöst Aussagen zu einem allgemeinen Gliederungsraster wissenschaftlicher Arbeiten machen (vgl. ebd., 169).

Zwar lasse sich der Forschungsprozess in allgemeingültiger Form nur grob skizzieren, da er vom Wissenschaftsbereich abhänge, in welchem die Arbeit anzusiedeln sei, denn in unterschiedlichen Bereichen würden verschiedene Forschungsmethoden zum Einsatz kommen. Gleichwohl könne man sieben Schritte identifizieren, die regelmäßig zu durchlaufen seien. Dies seien (1) die Formulierung und Begründung des Forschungsziels, (2) dessen Abgrenzung durch eine Darlegung des Stands der Forschung und der Praxis, (3) die Auswahl und Begründung der angewendeten Forschungsmethoden, (4) die Konzeption des Forschungsvorhabens, (5) dessen Durchführung und (6) Auswertung sowie (7) die Überprüfung der Ergebnisse in Bezug auf das Forschungsziel (vgl. ebd., 51).

Die Beantwortung der Frage, wie sich dieser Forschungsprozess angesichts der Bandbreite der Forschungsgebiete auf ein allgemeines Gliederungsraster abbilden lässt, fällt den Autoren nach eigenem Bekunden schwer. Dennoch versuchen sie, zumindest einige Hinweise zu geben. So sei es wichtig, den Stand von Forschung und Technik herauszuarbeiten und dabei alle relevanten Fachartikel und Monografien heranzuziehen. Die vorhandenen Konzepte, Ansätze und Lösungen seien überblicksartig darzustellen und sorgfältig zu zitieren. Eine reine Aneinanderreihung vorhandener Ansätze reiche aber nicht aus. Vielmehr sei es erforderlich, das Forschungsgebiet bezogen auf die eigene Arbeit zu klassifizieren sowie die Vor- und Nachteile der Konzepte bezogen auf die eigene Zielsetzung herauszuarbeiten. Diese Klassifizierungsarbeit sei schon Teil der wissenschaftlichen Leistung. Im Anschluss daran sei die eigene Lösung darzulegen. In Abhängigkeit von der Art der Arbeit könne diese zunächst theoretisch begründet und in einem anschließenden Kapitel die Realisierung vorgestellt werden. Den Abschluss bilde ein Ausblick (vgl. ebd., 169).

Um die zitierten Ansätze zur Gliederung wissenschaftlicher Abschlussarbeiten einer systematischen Analyse zugänglich zu machen, wurden die Aussagen in der nachfolgenden Tabelle zusammengefasst. Dabei wurde die Gliederung in Einleitung, Hauptteil und Schluss zugrunde gelegt, da diese im weitaus größten Teil der untersuchten Ansätze zu finden ist.

Schon auf den ersten Blick lässt sich erkennen, dass sich die Autoren keineswegs einig sind, unter welchem der drei Hauptgliederungspunkte welche Inhalte behandelt werden sollen. Weiterhin lässt sich erkennen, dass die meisten und konkretesten Hinweise zur Einleitung gegeben werden. Und auch zum Schlussteil finden sich noch relativ viele und recht konkrete Angaben. Am wenigsten trifft dies ausgerechnet für den Hauptteil zu, auf den es – schon der Bezeichnung nach – am meisten ankommt.

Wer sich also in Ratgebern über die Gliederung wissenschaftlicher Abschlussarbeiten informieren möchte, wird in keiner der hier untersuchten Quellen ein verallgemeinerungsfähiges Schema finden, und je mehr Quellen er zu Hilfe nimmt, desto eher wird die Verwirrung zunehmen.

Tabelle 1: Zusammenfassung der Literaturrecherche

	Balzert, H. et al. 2008	Bänsch, A. 2008	Brauner, D. et al. 2008	Eco, U. 2010	Esselborn-Krumbiegel, H. 2008	Franck, N. 2009	Heister, W. et al. 2007	Karmasin, M. et al. 2010	Kornmeier, M. 2010	Paetzel, U. 2001	Rossig, W. E. et al. 2008	Samac, K. et al. 2009	Theisen, M. R. 2009
Einleitung													
Problem, Forschungsfrage		x	x	x		x	x	x	x	x	x	x	x
Relevanz							x	x	x	x	x	x	x
Ziel		x	x	x		x	x	x		x	x		x
Hypothese				x	x					x	x		
Methodik		x		x	x		x	x			x	x	x
Vorgehensweise				x			x		x	x	x		x
Begriffsdefinitionen						x				x		x	
Stand der Wissenschaft		x						x			x		
Stand der Technik		x						x		x			
Vorwegnahme der Ergebnisse						x							
Einordnung		x					x	x		x	x	x	
Theoretische Grundlagen				x						x			
Hauptteil													
Begriffsdefinitionen							x						
Stand der Forschung												x	
Stand der Technik													
Bearbeitung der Forschungsfrage		x	x	x		x			x	x	x	x	x
Methodik										x			
Vorgehensweise										x			
Ergebnisse		x								x			
Schlussteil													
Ergebnisse			x	x			x	x	x	x		x	x
Zusammenfassung						x	x	x	x	x	x	x	x
Erfolgskontrolle											x		
Ausblick, Empfehlungen		x				x	x	x		x	x	x	x
Einordnung							x			x			
Persönliche Meinung							x		x	x			

2.2 Wissenschaftstheoretischer Gliederungsansatz

Nachdem die eher praktisch orientierten Ratgeber für die Gliederung wissenschaftlicher Abschlussarbeiten keine brauchbare Anleitung geliefert haben, soll im Folgenden untersucht werden, ob die Wissenschaftstheorie, die einem solchen Anliegen aus evidenten Gründen zugrunde gelegt werden muss, bessere Orientierungshilfen anbietet.

In diesem Kontext erklärt Gerhard Schurz, dass es nach wie vor üblich sei, den Ablauf eines Forschungsprozesses in die drei Phasen Entdeckungs-, Begründungs- und Verwertungszusammenhang einzuteilen (2008, 45). Die Unterscheidung der beiden erstgenannten Zusammenhänge geht auf den logischen Empiristen Hans Reichenbach zurück, der sie 1938 erstmals publizierte. Die dritte Phase des Verwertungszusammenhangs wurde in den 1960er-Jahren ergänzt, nachdem die marxistische Soziologie der neopositivistischen Soziologie quasi im Zuge eines wissenschaftlich ausgetragenen Ost-West-Konflikts vorgeworfen hatte, dass sie ihre gesellschaftliche Funktion insbesondere im Hinblick darauf, theoretische Erkenntnisse zur praktischen Wirkung zu verhelfen, nicht hinreichend reflektieren würde (vgl. Friedrichs 1990, 50). Seitdem gelten alle drei Phasen als Standard.

Bezugnahmen zu diesem wissenschaftstheoretischen Grundkonzept finden sich auch bei mehreren der hier zitierten Autoren, so z. B. bei Heister und Weßler-Poßberg (2007, 77) mit Verweis auf Borsdorf (2007, 127), bei Karmasin und Ribing (2010, 78) sowie bei Kornmeier (2007, 77 f.), der allerdings den Verwertungszusammenhang nicht einbezieht. Und auch in Quellen, deren Auswertung nicht bzw. bisher noch nicht einbezogen wurde, wird auf dieses wissenschaftstheoretische Grundkonzept hingewiesen (vgl. z. B. Töpfer 2009, 41 ff.).

Der damit belegte Verbreitungsgrad dieses Ansatzes zur zeitlichen Gliederung von Forschungsprozessen wird als Begründung dafür herangezogen, dass im Folgenden nur dieser Ansatz untersucht wird.[7] Dabei soll im Detail geprüft werden, ob und ggf. inwieweit er mit den bisher diskutierten Gliederungsvorschlägen sowie mit dem noch zu entwickelnden Gliederungskonzept kompatibel ist.

Unter dem Entdeckungszusammenhang versteht Friedrichs (1990, 50) den Anstoß, der zu einem Forschungsprojekt führt. Im Hinblick auf das noch zu entwickelnde Gliederungskonzept sind in dieser Formulierung zwei Begriffe von weiterführender Bedeutung: zum einen wird der Anstoß als Gegenstand der Einleitung aufgegriffen werden, allerdings unter Bezugnahme auf eine weitere Quelle, und zum anderen wird die Einsicht von zentraler Bedeutung sein, dass es sich bei Forschungsvorhaben, die im Rahmen wissenschaftlicher Abschlussarbeiten bearbeitet werden, um Projekte handelt. Doch dazu später mehr.

Im Einzelnen unterscheidet Friedrichs (vgl. ebd., 50 f.) drei Arten von Anlässen: praktische Probleme, theoretische Probleme und Aufträge, die darin bestehen, Beiträge zur Lösung konkreter Probleme des Auftraggebers zu leisten. Tatsächlich unterscheiden sich die drei Ausgangspunkte aber nur geringfügig: im erstgenannten Fall, so Friedrichs, sei er geprägt von der Wahrnehmung des Forschers, im zweitgenannten Fall von der Wahrnehmung anderer Forscher und im drittgenannten Fall von der Wahrnehmung des Auftraggebers. Weiterhin würden sich die drei Ausgangspunkte beim Ausmaß der bereits vorhandenen theoretischen und empirischen Untersuchungen des Problems unterscheiden, welches im zweitgenannten Fall am höchsten sei. Für die späteren Überlegungen wird diesbezüglich die Unterscheidung in Primär- und Sekundärforschung von Bedeutung sein.

[7] Historische Vorläufer dieser Vorgehensweise waren im Mittelalter die scholastische Methode (vgl. Grabmann 1988) sowie davor die antike Dialektik (vgl. Holz 2011), die hier jedoch nicht diskutiert werden sollen, da sie allgemein als überholt gelten.

Ein weiterer Bestandteil des Entdeckungszusammenhangs ist nach Friedrichs (vgl. ebd., 51) die Exploration. Aus seiner beispielhaften Beschreibung lässt sich schließen, dass er damit die Analyse der Ausgangssituation meint. Dabei geht es darum, dass sich der Forscher mit den Gegebenheiten vertraut macht, die er im Rahmen seiner weiteren Untersuchungen, Überlegungen und Schlussfolgerungen zu berücksichtigen hat. Im Umkehrschluss bedeutet dies, dass der Forscher mit diesen Gegebenheiten zu Beginn seines Vorhabens (noch) nicht hinreichend vertraut ist. Zwar wird er aufgrund seiner Qualifikation prinzipiell in der Lage sein, Probleme zu lösen, die mit seinem Vorhaben verbunden sind, denn andernfalls würde man ihm wohl kaum einen entsprechenden Auftrag erteilen, und er selbst würde sich eine solche Aufgabe wohl auch nicht vornehmen. Doch zur konkreten Lösung eines bestimmten Problems muss auch er sich zunächst über die spezifischen Umstände informieren. Für die späteren Überlegungen lässt sich an dieser Stelle also schon einmal festhalten, dass Anlass und Situationsanalyse die ersten beiden Hauptbestandteile des Entdeckungszusammenhangs bilden.

Schließlich fordert Friedrichs (vgl. ebd., 52), die Frage zu beantworten, warum ein Problem untersucht werden soll. Eine Frage nach dem Warum zielt stets auf eine Ursache, und Ursachen sind üblicherweise nur dann interessant, wenn sie im Sinne von Kausalitäten mit Wirkungen, also mit der Frage nach dem Wofür, in Beziehung gesetzt werden. Doch Friedrichs lässt offen, worin die Wirkung der Ursache besteht, deren Ermittlung er empfiehlt. Im engeren Sinne könnte damit die Forschungsarbeit selbst gemeint sein, doch wenn man unterstellt, dass Forschung kein Selbstzweck ist, wird im weiteren Sinne wohl eher die Wirkung der Forschungsarbeit auf nachfolgende Forschungsvorhaben und/oder auf die Praxis gemeint sein. Vor diesem Hintergrund lässt sich dieser Teil des Entdeckungszusammenhangs auch dahingehend verstehen, dass die Zielsetzung der Arbeit zu erläutern ist.

Allerdings stellt sich dann die Frage, warum das Ziel erst anzugeben ist, nachdem die Ausgangssituation analysiert wurde, denn auf den ersten Blick erscheint es offensichtlich, dass bereits der Anlass zur Aufnahme einer Forschungsarbeit stets auch mit einer Zielsetzung verbunden ist. Anlass und Ziel wären dann im Zusammenhang zu erläutern und nicht durch eine Situationsanalyse voneinander zu trennen. Tatsächlich wird sich später zeigen, dass beides richtig ist: Anlass und Zielsetzung hängen stets zusammen, doch eine eingehende Auseinandersetzung mit dem Ziel einer Forschungsarbeit kann erst nach einer Situationsanalyse im erforderlichen Umfang erfolgen.

Der Begründungszusammenhang umfasst alle Schritte, die zur Lösung des behandelten Problems führen (vgl. ebd., 52 f.). In einem ersten Schritt ist z. B. zu klären, ob es Theorien oder Hypothesen gibt, die herangezogen werden können. Handelt es sich um eine Arbeit, die sich mit Theorien befasst, so ist darüber hinaus die methodische Basis dieser Theorien zu prüfen, also z. B. der Informationsgehalt ihrer Aussagen, die Angemessenheit der Datenbasis und die Korrektheit statistischer Auswertungen bis hin zu deren Interpretation. Im Anschluss daran ist zu entscheiden, welcher Teil des Problems im Rahmen der eigenen Arbeit untersucht werden soll. Es folgt die Formulierung von Hypothesen und die Definition der dafür relevanten Begriffe. Schließlich ist eine geeignete Methode zu bestimmen, nach der die weiteren Arbeiten durchgeführt werden sollen.

Das weitere Vorgehen ist durch die nun feststehende Methodik und das damit verbundene Arbeitsprogramm festgelegt. Friedrichs (vgl. ebd., 53) erklärt dazu, die Datenerhebung erfolge in der durch die Methoden möglichen und durch sie festgelegten Form. Weiterhin werde nach der von ihm sogenannten Feldphase die Auswertung, Prüfung und Interpretation der Ergebnisse vorgenommen.

Schließlich werden die Ergebnisse auf die Hypothesen bezogen, was zur Folge haben kann, dass neue Hypothesen entwickelt werden müssen (vgl. ebd., 54). Für die späteren Überlegungen ist diese Aussage in zweierlei Hinsicht weiterführend: zum einen verweist sie auf einen Bewertungsprozess und zum anderen lässt sich daraus ein zyklisches Vorgehen ableiten, also ein mehrfaches, jeweils einem ähnlichen Schema folgendes Durchlaufen des Arbeitsprogramms, denn auch die ggf. neu formulierten Hypothesen sind ja wieder zu prüfen, um daraufhin u. U. wiederum neue Hypothesen zu formulieren und so fort.

Der Verwertungszusammenhang bezieht sich auf die Wirkung einer Forschungsarbeit. Insofern ist er im Hinblick auf die Gliederung wissenschaftlicher Abschlussarbeiten nur indirekt von Bedeutung, denn inhaltlich umfassen Abschlussarbeiten nur den Entdeckungs- und den Begründungszusammenhang. Allerdings lassen sich aus dem Verwertungszusammenhang formale Anforderungen an Abschlussarbeiten ableiten. So soll die Form der Darstellung einer Forschungsarbeit diejenigen, die ihre Ergebnisse weiterverarbeiten sollen, dazu in die Lage versetzen, also insbesondere verständlich sein. Und auch die Publikation der Arbeit gehört in diesen Kontext.

Fasst man die Gliederungspunkte zusammen, die sich aus der detaillierten Analyse des dreiphasigen Forschungsprozesses ergeben, also

1. Entstehungszusammenhang:
   a. Anlass,
   b. Situationsanalyse,
   c. Zielsetzung,
2. Begründungszusammenhang:
   a. Methodik und Arbeitsprogramm,

   b. Abarbeitung des Arbeitsprogramms (Synthese und Analyse),
   c. Bewertung der Ergebnisse,
3. Verwertungszusammenhang,

so ist klar, dass sich die drei Phasen Entstehungs-, Begründungs- und Verwertungszusammenhang nicht einfach einer Einleitung, einem Hauptteil und einem Schlussteil zuordnen lassen, denn der Verwertungszusammenhang, der nach diesem Schema im Schlussteil unterzubringen wäre, findet in einer wissenschaftlichen Abschlussarbeit ja gar keine inhaltliche Entsprechung. Und auch die Aufteilung der übrigen Schritte eines Forschungsprojekts auf Einleitung, Hauptteil und Schluss ist nicht eindeutig. So lässt sich z. B. nicht logisch begründen, dass die Festlegung von Methodik und Arbeitsprogramm in eine Einleitung gehört, ebenso wenig wie sich dieser Teil eindeutig einem Hauptteil zuordnen lässt.

2.3 Gliederungskonzepte mit Bezug zum Projektmanagement

Einige Ratgeber erkennen, dass wissenschaftliche Abschlussarbeiten in organisatorischer Hinsicht Projekte sind (vgl. Balzert et al. 2010, 209 ff.; Heister/Weßler-Poßberg 2007, 5 ff.). Die DIN-Norm 69901 definiert ein Projekt als ein „Vorhaben, das im Wesentlichen durch die Einmaligkeit der Bedingungen in ihrer Gesamtheit gekennzeichnet ist, wie z. B. Zielvorgabe, zeitliche, finanzielle, personelle oder andere Begrenzungen, Abgrenzung gegenüber anderen Vorhaben, projektspezifische Organisation“. Das alles trifft auch auf wissenschaftliche Abschlussarbeiten zu. Insoweit sind die Hinweise der Ratgeber auf den Zusammenhang zwischen der Anfertigung einer Abschlussarbeit und dem Management von Projekten also durchaus hilfreich.

Bemerkenswert erscheint allerdings der konkrete Umgang mit diesem Thema. So liegen dazu sehr zahlreiche Quellen vor, von denen viele durchaus auf allgemeine Anerkennung stoßen. Trotzdem verzichten alle Ratgeber darauf, Quellen heranzuziehen, um ihre eigenen Aussagen zum Projektmanagement darauf zu stützen oder daran zu reflektieren. Dies erscheint umso bemerkenswerter, als das umfassende Arbeiten mit Quellen zu den Kernanliegen der Ratgeber gehört. Insoweit hätte erwartet werden dürfen, dass die dazu formulierten Regeln in diesem Zusammenhang Anwendung gefunden hätten.

Vor diesem Hintergrund soll der Abgleich der in den Ratgebern zu findenden Empfehlungen zur Durchführung von Projekten mit der Literatur zum Projektmanagement im Folgenden zumindest ansatzweise nachgeliefert werden.

Heister und Weßler-Poßberg (2007, 5 ff.) empfehlen, die folgenden Phasen zu durchlaufen:

1. Voraussetzungen prüfen
2. Definition der Ziele
3. Helfer finden
4. Themenfindung
5. Vorabanalyse
6. Exposé-Erstellung
7. Entscheidung
8. Zielplanung
9. Umsetzung
10. Erfolgskontrolle

Haberfellner et al. (2012, 86 ff.) und Böhm (2005, 1 ff.) haben eine große Zahl bekannter Vorgehensmodelle zum Projektmanagement sehr ausführlich analysiert. Ein Vergleich dieser Modelle mit dem Vorschlag von Heister und Weßler-Poßberg (2007, 5 ff.), den im Einzelnen darzulegen hier zu weit führen würde, macht schon auf den ersten Blick deutlich, dass es so gut wie keine Übereinstimmungen gibt.

Balzert et al. (2010, 209 ff.) gehen etwas ausführlicher als Heister und Weßler-Poßberg (vgl. 2007, 5 ff.) auf das Projektmanagement ein. Das von ihnen vorgeschlagene Phasenmodell sieht folgende Bearbeitungsschritte vor:

1. Themenauswahl: Themen-, Betreuersuche.
2. Antrag: Anmeldung gemäß formaler Voraussetzung.
3. Erstellung Text: Gliederung, Recherche, Testerstellung, Qualitätssicherung, Abgabe.
4. Begutachtung: Formale und inhaltliche Prüfung, Gutachten.
5. Präsentation: Vorbereitung, Durchführung.

Auch Balzert et al. verzichten allerdings darauf, relevante Literatur heranzuziehen und ihren eigenen Vorschlag nach wissenschaftlichen Maßstäben herzuleiten. Und auch hier zeigt ein Vergleich mit dem Stand der Wissenschaft (vgl. z. B. Haberfellner et al. 2012, 86 ff.; Böhm 2005, 1 ff.) keine relevanten Übereinstimmungen.

Insbesondere ist festzustellen, dass die beiden untersuchten Vorgehensmodelle keine verwertbaren Hinweise darauf geben, wie eine wissenschaftliche Abschlussarbeit zu gliedern ist. Vielmehr beschränken sie sich auf organisatorische Aufgaben im Umfeld der eigentlichen Arbeit, also auf Aspekte, die zwar grundsätzlich nicht ganz unwichtig sind, im vorliegenden Band aber nicht behandelt werden, weil sie keinen Niederschlag in der Abschlussarbeit selbst finden.

Eingangs wurde die Hypothese aufgestellt, dass die Gliederung einer Abschlussarbeit sowohl deren Struktur als auch den Prozess ihrer Entstehung widerspiegeln soll. Das bedeutet, dass sie einen Teil des der Erarbeitung zugrunde gelegten Vorgehensmodells abbilden muss, nämlich den Teil, der die Vorgehensweise bei der inhaltlichen Ausarbeitung beschreibt. Wenn die grundsätzliche Aussage zutreffend ist, dass wissenschaftliche Abschlussarbeiten in Form von Projekten zu erstellen sind, kann sich das Projektmanagement nicht nur auf organisatorische Aspekte im Umfeld der eigentlichen Arbeit beschränken. Vielmehr muss es auch das Vorgehen bei der Erarbeitung der Inhalte einbeziehen. Und bei den in der einschlägigen Projektmanagement-Literatur zu findenden Vorgehensmodellen (vgl. z. B. Haberfellner et al. 2012; Böhm 2005) ist das in der Regel auch der Fall. Dass ausgerechnet Ratgeber zur Anfertigung wissenschaftlicher Abschlussarbeiten auf diese inhaltliche Dimension des Projektmanagements verzichten, erscheint wenig hilfreich.

Insgesamt bleibt also festzustellen, dass die knappen Ausführungen der Ratgeber zur Abwicklung von Projekten das Studium der einschlägigen Projektmanagement-Literatur nicht ersetzen können. Gleichwohl ist der generelle Hinweis darauf, dass wissenschaftliche Abschlussarbeiten als Projekte aufzufassen sind und nach den entsprechenden Regeln bearbeitet werden sollten, in dieser allgemeinen Form durchaus weiterführend. Wir kommen darauf zurück.

2.4 Probleme in der Praxis

Die Untersuchung praktischer Probleme bei der Gliederung wissenschaftlicher Abschlussarbeiten stützt sich auf zwei Methoden: auf Beobachtungen und auf ergänzende empirische Untersuchungen.

Die Beobachtungen erfolgten über viele Jahre im Rahmen der Betreuung zahlreicher Abschlussarbeiten. In den meisten Fällen investierten die Studierenden viel Zeit in den Entwurf einer ersten Gliederung, um diese dann mit einem oft erheblichen Maß an Unsicherheit in Betreuungsgesprächen zur Diskussion zu stellen. Nahezu regelmäßig waren dann signifikante Veränderungen notwendig, oft in mehreren Iterationsschritten. Gespräche im Kollegium ergaben, dass diese Erfahrung fächerübergreifend und personenunabhängig zu sein scheint.

Um die daraus abgeleiteten Aussagen verallgemeinern zu können, wurden die Beobachtungen durch empirische Untersuchungen ergänzt. So wurde an einer privaten, staatlich anerkannten Fachhochschule unter 339 Studierenden, die im Winter 2011/2012 ihre Bachelorarbeit anfertigten, eine Befragung durchgeführt, die sich auf Erfahrungen bei der Gliederung der Arbeiten bezog. Die Grundgesamtheit bestand zu jeweils etwa einem Drittel aus Studierenden der Betriebswirtschaftslehre, des Wirtschaftsingenieurwesens und der Wirtschaftsinformatik.

Um sachliche Fehler wie z. B. sozial erwünschte Antworten auszuschließen, wurde die Befragung anonym durchgeführt. Weiterhin wurde die Form der Online-Befragung gewählt, um die technisch-organisatorische Hemmschwelle zur Beteiligung gering zu halten (vgl. Kornmeier 2007, 165 f.). Eine weitere Maßnahme zur Erzielung einer möglichst hohen Beteiligungsquote bestand darin, auf offene Fragen zu verzichten und lediglich 12 geschlossene Fragen zu stellen, davon 10 Ja-Nein-Fragen und 2 Skalierungsfragen (vgl. Heister/Weßler-Poßberg 2007, 90). Bei den Skalierungsfragen wurde eine gerade Anzahl von Antwortmöglichkeiten gewählt, um eine klare Positionierung einzufordern; die Verwendung einer ungeraden Anzahl von Wahlmöglichkeiten hätte möglicherweise dazu geführt, dass viele der Befragten durch Ankreuzen des Mittelwerts eine neutrale Antwort gegeben hätten (vgl. Böhm 2005, 45; Heister/Weßler-Poßberg 2007, 91).

Trotz der genannten Maßnahmen zur Minimierung der Hemmschwelle lag die Rücklaufquote mit 41 % knapp unter der Schwelle, die nach statistischen Gesichtspunkten für eine optimale Genauigkeit der Ergebnisse wünschenswert gewesen wäre. Diese lässt sich bei einem üblichen Fehlerbereich von 95,5 % mit etwa 6 % angeben (vgl. Kornmeier 2007, 163; Leinen 1989, 51).

Allerdings sind die Befragungsergebnisse so eindeutig, dass ihre Aussagekraft für den hier intendierten Zweck als hinreichend angesehen werden kann, denn auf die zentrale Frage, ob die Studierenden die Gliederung ihrer Bachelorarbeit als sehr leicht, leicht, schwer oder sehr schwer empfunden haben, gaben 62 % der Befragten an, dies sei schwer gewesen; weitere 13 % erklärten, dass ihnen dies sogar sehr schwer gefallen sei. Lediglich 22 % antworteten, dass sie die Gliederung als leicht empfunden hätten, und für 3 % der Studierenden war dies eine sehr leichte Aufgabe (Abb. 1). Die Beobachtungen werden dadurch bestätigt.

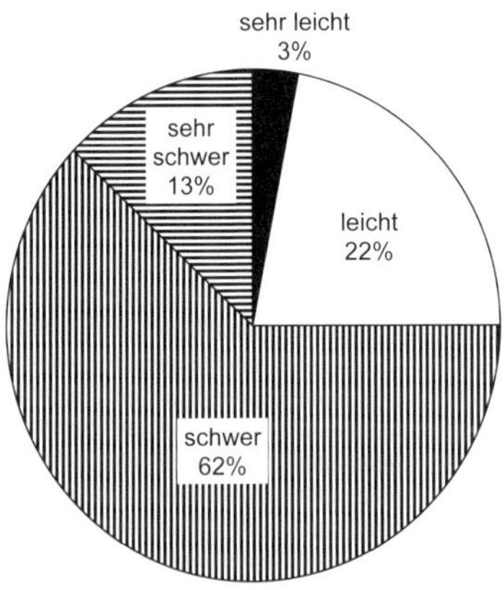

Abb. 1: Empfundener Schwierigkeitsgrad

Auf die Fragen, welche Empfehlungen bei der Gliederung der Bachelorarbeiten befolgt wurden, gaben 38 % an, sich dabei auf Literatur über das Anfertigen wissenschaftlicher Abschlussarbeiten gestützt zu haben. Da die Bibliothek der Hochschule alle hier zitierten Quellen im Bestand hat, lässt sich dieser relativ geringe Prozentsatz nicht auf einen Mangel an Verfügbarkeit zurückführen.

Etwa 56 % der Befragten erklärten, sich an die Empfehlungen gehalten zu haben, die sie im Rahmen eines Seminars zum wissenschaftlichen Arbeiten erhalten hatten. Die Teilnahme an einem solchen Seminar war für alle Studierenden verpflichtend. Aus den Unterlagen, die den Studierenden zur Verfügung gestellt wurden, geht hervor, dass auch im Rahmen dieses Seminars die Gliederung nach dem Schema Einleitung, Hauptteil und Schluss empfohlen wurde. Diesbezügliche Quellen wurden dazu allerdings ebenso wenig angegeben wie weiterführende Literatur.

Etwa 15 % antworteten auf eine entsprechende Frage, ihr Betreuer habe ihnen die Gliederung ihrer Bachelorarbeit vorgegeben. In diesem Fall kann angenommen werden, dass sich an dieser Stelle diejenigen Studierenden geäußert haben, die vom Autor des vorliegenden Bands betreut wurden und in einem gemeinsamen Vorgespräch sowie auch in Einzelgesprächen die Art der Gliederung kennengelernt haben, die in diesem Band vorgeschlagen wird. Insofern ist nicht auszuschließen, dass das Ergebnis der Befragung in dieser Hinsicht verfälscht wurde. Angesichts des relativ geringen Anteils der Studierenden, die sich in dieser Weise geäußert haben, kann der daraus resultierende Fehler des Gesamtergebnisses aber als gering eingestuft werden.

Angesichts des großen Einflusses, den die Studierenden dem Seminar zuschreiben, und dem ergänzenden Einfluss der Literatur zum wissenschaftlichen Arbeiten war zu erwarten, dass etwa 55 % der Befragten der Aussage zustimmten, dass die Gliederung einer wissenschaftlichen Abschlussarbeit aus Einleitung, Hauptteil und Schluss besteht. Aufgrund der Möglichkeit zur Mehrfachnennung konnten sich außerdem etwa 45 % der Studierenden für die Aussage entscheiden, dass dazu nach der Einleitung noch ein eigenständiger Theorieteil hinzukommt. Wie die im vorausgegangenen Abschnitt vorgestellte Recherche ergeben hat, findet sich diese Unschärfe auch in der Literatur zur Anfertigung wissenschaftlicher Abschlussarbeiten.

Die übrigen Studierenden vertraten die Auffassung, dass sich die Gliederung wissenschaftlicher Abschlussarbeiten nicht an einer einheitlichen Grundstruktur orientiert, sondern vom Thema bzw. vom Forschungsansatz abhängt und stets individuell zu gestalten ist. Da sich auch solche Aussagen in der Literatur mehrfach wiederfinden (vgl. Balzert et al. 2008, 169; Brauner/Vollmer 2008, 19; Esselborn-Krumbiegel 2008, 115; Kornmeier 2012, 96; Theisen 2009, 131), erscheint dieses Ergebnis ebenfalls gut erklärbar.

In einer weiteren empirischen Untersuchung wurden die Bachelorarbeiten analysiert, die an der gleichen Hochschule im Winter 2010/2011 angefertigt wurden. Um statistisch abgesicherte Aussagen treffen zu können, wurde aus der Grundgesamtheit von 232 Arbeiten eine Stichprobe von 150 Arbeiten ausgewählt. Daraus ergibt sich bei einem Fehlerbereich von 95,5 % eine Genauigkeit von 5 % (vgl. Kornmeier 2007, 163).

Konkret wurden die Gliederungen der Bachelorarbeiten danach klassifiziert, ob sie (1) dem Schema Einleitung, Hauptteil und Schluss, (2) dem Schema Einleitung, Theorieteil, Hauptteil und Schluss oder (3) einem anderen Schema folgten. 13 % der Arbeiten waren der ersten Kategorie zuzuordnen, 86 % der zweiten und 1 % der dritten Kategorie (Abb. 2). Zur Interpretation dieses ebenfalls eindeutigen Ergebnisses ist anzumerken, dass die Absolventen das gleiche Seminar zum wissenschaftlichen Arbeiten besucht hatten wie der Nachfolgejahrgang und dass die Anforderungen und Bedingungen auch sonst vergleichbar waren.

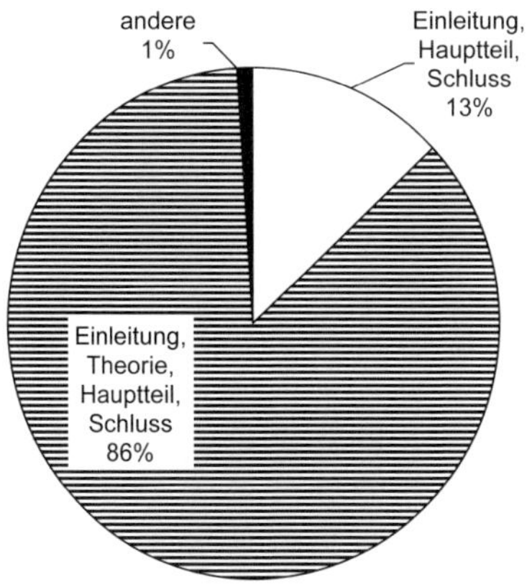

Abb. 2: Einordnung des Theorieteils

Die Adaption des trivialen Gliederungsschemas führt in der Regel zu inhaltlichen Problemen, die im Folgenden anhand von Beispielen verdeutlicht werden sollen.

Das größte Problem bereitet oft der Theorieteil. Dies soll zunächst anhand von Bachelorarbeiten verdeutlicht werden. Im Anschluss daran werden in Abgrenzung dazu Masterarbeiten behandelt, um zu zeigen, dass diese beiden Formen von Abschlussarbeiten gerade im Hinblick auf die theoretische Grundlegung ganz unterschiedliche Anforderungen mit sich bringen, die in der Praxis aber kaum Beachtung finden.

2.4.1 Probleme bei Bachelorarbeiten

Bachelorarbeiten sind thematisch in der Regel darauf ausgerichtet, mithilfe wissenschaftlicher Methoden praktische Probleme zu lösen. So sollen Bachelor-Absolventen nach dem Deutschen Qualifikationsrahmen fähig sein, neue Lösungen zu erarbeiten (vgl. AK-DQR 2011, 7 f.).

Den Empfehlungen der zitierten Ratgeber folgend, wird dazu in der Einleitung zunächst das praktische Problem vorgestellt. Allerdings wird zugleich empfohlen, die Einleitung kurz zu halten. Einige Autoren gehen sogar so weit, dazu ganz konkrete Zahlen anzugeben, so z. B. Balzert et al. (2008, 169), die u. a. für die Einleitung 20 Seiten, für die Darlegung des Stands der Forschung 30 Seiten, für die theoretische Entwicklung einer eigenen Lösung 50 Seiten und für den Ausblick 10 Seiten vorsehen. Und Paetzel (2001, 99 f.) erklärt, für die Einleitung seien 10 %, für den Hauptteil 85 % und für den Schluss 5 % des Gesamtumfangs anzusetzen. Hinzu kommt, dass in der Einleitung zusätzlich zum Ausgangsproblem auch noch andere Aspekte wie z. B. die Zielsetzung der Arbeit, die Abgrenzung gegenüber anderen Arbeiten und der Aufbau der Arbeit (vgl. Kornmeier 2012, 102; Rossig/Prätsch 2008, 85 f.; Samac et al. 2009, 60 f.; Theisen 2009, 132 f.) erläutert werden sollen. Daher bleibt gar nicht genug Platz, um das praktische Problem an dieser Stelle erschöpfend zu behandeln.

Statt den roten Faden aber nun weiter zu spinnen und das praktische Problem im Hauptteil weiter so zu vertiefen, dass der Leser ein umfassendes Verständnis gewinnt, wird der Gedankengang unterbrochen, um zunächst eine theoretische Grundlegung einzufügen. Erst danach wird der rote Faden wieder aufgegriffen, indem das eigentliche Problem nun ausführlich analysiert wird.

Begründet wird dieser Bruch in der Regel damit, dass die theoretische Grundlegung für den weiteren Verlauf der Untersuchungen erforderlich sei. Doch argumentationslogisch kommt dies der Aufforderung gleich, dies schlicht zu glauben, denn aus dem bisherigen Fortgang der Arbeit ergibt sich diese Art der Fortführung nicht.

Dies soll anhand einer Analogie veranschaulicht werden: Ein Patient kommt zum Zahnarzt, klagt über akute Zahnschmerzen und bringt seine Hoffnung nach Heilung zum Ausdruck. Diese Begebenheit entspricht dem, was in Kapitel 2.2 als Anstoß zu einer wissenschaftlichen Abschlussarbeit bezeichnet wurde, denn mit den Schmerzen wurde ein praktisches Problem benannt und die Hoffnung auf Heilung entspricht einer daraus unmittelbar ableitbaren, wenn auch im Einzelnen noch recht wenig konkreten Zielsetzung.

Folgt man der oben skizzierten Argumentationslogik, so würde der Zahnarzt seinem Patienten nun erst einmal das potenziell zum Einsatz kommende Inventar seiner Praxis vorstellen: vielleicht würde er bei den zahlreichen Einstellmöglichkeiten des Behandlungsstuhls beginnen, als Nächstes die mechanische Bohrmaschine mit ihren unterschiedlichen Bohrern erläutern, nicht ohne auf die enorm hohen Drehzahlen einzugehen, die sich mit modernen Geräten wie diesem erzielen lassen, denn dies würde Gelegenheit zu einer historischen Einordnung geben. Anschließend würde er die Vorzüge alternativer Werkzeuge hervorheben und dabei vor allem auf das Laserbohren näher eingehen, natürlich nicht ohne die Mehrkosten zu vergessen, die der Patient allerdings leider aus eigener Tasche zu zahlen hätte. Und wenn der noch immer unter starken Schmerzen leidende Patient bei all diesen theoretischen Ausführungen nicht längst die Geduld verloren und das Weite gesucht hätte, würde der Arzt endlich mit der Diagnose des eigentlichen Problems beginnen.

Die Analogie sollte deutlich gemacht haben, dass eine logische Vorgehensweise zur Lösung eines praktischen Problems anders aussieht. Die Erkenntnis, dass das Problem – im übertragenen Sinne – Schmerzen verursacht, reicht in der Regel nicht aus, um die Vorgehensweise zu seiner Lösung sowie die dazu erforderlichen Methoden und Werkzeuge festzulegen. Zuvor ist eine eingehende Diagnose, eine Analyse der aktuellen Situation erforderlich.

Doch in Bachelorarbeiten werden nach der einführenden, aus formalen Gründen oft zu knappen Vorstellung des Problems und der daraus natürlich ableitbaren, zumeist aber noch zu unscharfen Zielsetzung im Rahmen einer theoretischen Grundlegung zunächst Vorgehensweise sowie Methoden und Werkzeuge vorgestellt. Und anschließend wird das praktische Problem dann noch einmal aufgegriffen und vertiefend analysiert.

Diese Vorgehensweise bringt gleich mehrere Probleme mit sich. Erstens führt die noch unzureichende Diagnose des eigentlichen Problems dazu, dass der Bezug der theoretischen Betrachtungen zur Aufgabenstellung schnell verloren geht. Da noch nicht genügend Anknüpfungspunkte vorhanden sind, die es ermöglichen, konkret darzulegen, welchem Zweck die erläuterten Methoden und Werkzeuge dienen sollen, werden diese oft in allgemeingültiger Form erläutert, bis dahin, dass fiktive Beispiele herangezogen werden, um ihre Wirkungsweise erst einmal prinzipiell zu veranschaulichen.

Dadurch mutiert die Abschlussarbeit zweitens stellenweise zum Lehrbuch, was vor allem bei Gutachtern nicht gut ankommt, da diese in der Regel einen sehr guten Überblick über das Lehrbuchangebot ihrer Disziplin haben und kaum zu begeistern sind, wenn sie die gleichen Inhalte nun in einer Abschlussarbeit wiederfinden. Im besten Fall reagieren sie gelangweilt und überspringen das Kapitel. Und wenn sie es darauf anlegen, wird es ihnen in vielen Fällen kaum schwer fallen, angesichts der zwangsläufig verkürzten Darstellung Lücken oder gar Fehler zu identifizieren.

Ein drittes Problem resultiert daraus, dass von Bachelorarbeiten gar kein wesentlicher Beitrag zur Weiterentwicklung der Theorie erwartet wird. Vielmehr sollen sie sich vorrangig bekannter Theorien bedienen, um einen Beitrag zur Lösung eines praktischen Problems zu leisten. Ihre Kernaufgabe besteht in theoretischer Hinsicht in der Regel nur darin, aus der Vielzahl bekannter Theorien diejenige(n) auszuwählen, die zur Lösung des praktischen Problems geeignet ist (sind). Analog sollte es dem Zahnarzt, der einen über akute Schmerzen klagenden Patienten vor sich hat, auch nicht darum gehen, in diesem Moment einen Beitrag zur Fortentwicklung des zahnärztlichen Instrumentariums im Allgemeinen zu leisten, sondern konkret darum, seinem Patienten zur Heilung zu verhelfen. Und daher besteht auch seine Aufgabe darin, aus den verfügbaren Instrumenten diejenigen auszuwählen, die zur Behandlung am besten geeignet sind.

Trotzdem versuchen Bachelor-Absolventen zuweilen, einen theoretischen Beitrag zu leisten, und sei es nur dem Anschein nach. Dann werden kontroverse Diskussionen innerhalb der Scientific Community nachvollzogen, Argumente von Vertretern verschiedener Richtungen einander gegenübergestellt und ausführlich diskutiert, um schließlich eine eigene Position zu begründen. Doch bei näherer Betrachtung finden sich in solchen Fällen nur selten wirklich neue, eigene Beiträge des Autors. In den meisten Fällen lassen sich solche Darstellungen leicht als Scheindiskussionen und Reproduktionen entlarven, und Gutachter sehen sich nicht selten genötigt, ihre Prüfung auf die Suche nach Plagiaten auszuweiten.

Angesichts der primären Aufgabe, praktische Probleme zu lösen, angesichts des oft eng begrenzten Umfangs von Bachelorarbeiten und angesichts der kurzen Zeit, die in der Regel zur Verfügung steht, ist bei solchen Versuchen auch nichts anderes zu erwarten. Tatsächlich ist es nämlich vor allem Master- und Doktorarbeiten vorbehalten, theoretische Beiträge zu leisten.

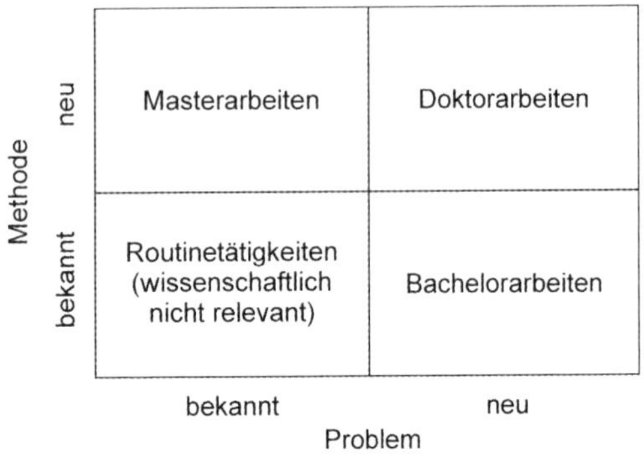

Abb. 3: Klassifizierung von Abschlussarbeiten

Dies lässt sich vereinfachend mit Abb. 3 deutlich machen. Darin werden Abschlussarbeiten anhand von zwei Merkmalen unterschieden: sie können bekannte oder neue Probleme mit bekannten oder neuen Methoden behandeln. Lediglich bekannte Probleme mit bekannten Methoden zu lösen gehört zu den Routinetätigkeiten und ist wissenschaftlich nicht relevant. Neue Probleme mit bekannten Methoden zu lösen ist das klassische Tätigkeitsfeld der angewandten Forschung und Gegenstand von Bachelorarbeiten. Im Rahmen der Grundlagenforschung werden dagegen neue Methoden (Theorien) entwickelt. Um deren Wirksamkeit zu überprüfen, wendet man sie nach Möglichkeit zunächst auf bekannte Probleme an. Dies ist Gegenstand von Masterarbeiten. Der größte Schwierigkeitsgrad ergibt sich, wenn neue Methoden entwickelt und auf neue Probleme angewendet werden. Auf diesem Niveau ließen sich, wenn man ausschließlich nach dem Schwierigkeitsgrad geht, Doktorarbeiten einordnen.

Die Praxis ist natürlich komplexer als es ein so einfaches Schema zum Ausdruck bringen kann, aber für die hier beabsichtigten Aussagen erfüllt es seinen Zweck, denn es macht deutlich, dass sich wissenschaftliche Abschlussarbeiten gerade hinsichtlich der Bedeutung der Theorie (Methode) wesentlich unterscheiden: während Master- und Doktorarbeiten einen theoretischen Beitrag leisten sollen, geht es bei Bachelorarbeiten darum, bekannte Methoden auf neue Probleme anzuwenden und damit einen wissenschaftlich fundierten Beitrag zu Lösung praktischer Probleme zu leisten.

Vor diesem Hintergrund müssen sich auch Bachelorarbeiten mit Theorie auseinandersetzen. Allerdings erfolgt dies nicht vor der eingehenden Diagnose des praktischen Problems, sondern später – wo genau, wird jedoch erst im weiteren Verlauf erläutert.

2.4.2 Probleme bei Masterarbeiten

Nach dem Deutschen Qualifikationsrahmen wird von Master-Absolventen erwartet, dass sie eigenständig neue Ideen entwickeln. Doktoranden sollen sogar ausdrücklich eigene Beiträge zur Forschung leisten und damit die Grenzen des Wissens erweitern (vgl. AK-DQR 2011, 7 f.). Dies entspricht der Aussage von Abb. 3: Ausgangspunkt und Anlass der Arbeit ist die Theorie, und ein praktisches Problem dient lediglich dazu, die Gültigkeit der theoretischen Aussagen zu überprüfen.

Dies wirkt sich allerdings nur auf den Inhalt der Abschlussarbeiten aus, nicht jedoch auf die formale Funktion der einzelnen Teile dieser Arbeiten. Diesbezüglich wurde im Zusammenhang mit Bachelorarbeiten erläutert, dass der erste Schritt bei gegebenem Anlass in der Diagnose des Problems besteht. Bei Bachelorarbeiten ist dies die Analyse eines praktischen Problems und nicht die theoretische Grundlegung. Bei Master- und Doktorarbeiten ist das anders. Hier bezieht sich die Diagnose auf einen theoretischen Sachverhalt, sodass dem Anlass tatsächlich eine theoretische Betrachtung folgt. Doch die formale Funktion dieses Teils der Abschlussarbeiten ist die gleiche wie bei Bachelorarbeiten: die Diagnose.

Eine Ursache dafür, dass auch in vielen Bachelorarbeiten vor der eingehenden Analyse des eigentlichen Problems eine theoretische Grundlegung erfolgt, könnte darin liegen, dass man sich am Aufbau von Master- und Doktorarbeiten orientiert, ohne den prinzipiellen Unterschied der Bedeutung der Theorie für die verschiedenen Arten wissenschaftlicher Abschlussarbeiten zu berücksichtigen. In einem Fall (Master- und Doktorarbeiten) liefert sie den Zweck, im anderen Fall (Bachelorarbeiten) lediglich die Mittel. Damit verbunden sind auch unterschiedliche Anspruchsniveaus. Immerhin bauen die Arbeiten im Zuge einer akademischen Laufbahn aufeinander auf. Doch eine Bachelorarbeit wird nicht dadurch besser oder anspruchsvoller, dass sie Master- oder Doktorarbeiten imitiert. Im Gegenteil: sie hat mit ihrer praktischen Orientierung eine ganz eigene Qualität und wird in der Wirtschaft erfahrungsgemäß sehr geschätzt.

Letzteres kann wiederum ein Grund dafür sein, warum auch bei Masterarbeiten Probleme festzustellen sind, denn diese lassen sich in zunehmendem Maße kaum noch von Bachelorarbeiten unterscheiden. Dies gilt vor allem für Abschlussarbeiten in wirtschaftsnahen Disziplinen und insbesondere auch für Arbeiten, die in berufsbegleitenden Studiengängen angefertigt werden. Hier wird die Praxisorientierung selbst an Universitäten, deren ursprüngliche Aufgabe eigentlich darin besteht, den wissenschaftlichen Nachwuchs auszubilden, dermaßen stark betont, dass die Theorie mehr und mehr verloren zu gehen droht.

3 Zielsetzung

Das Ziel besteht im Folgenden darin, die in Abschnitt 2.2 bereits vorgestellte, traditionelle Form der Gliederung wissenschaftlicher Arbeiten (1) in Erinnerung zu rufen und (2) zu begründen, warum sie besser geeignet ist als die triviale Form der Gliederung nach dem Schema Einleitung, Hauptteil und Schluss, die heute empfohlen wird und historisch einen Rückschritt darstellt.

Zugleich soll (3) die traditionelle Gliederungsform in eine zeitgemäße Form übersetzt werden. Das bringt zwei Vorteile mit sich: Erstens wird sie dadurch für Zeitgenossen verständlicher, da sie auf Grundlagen aufbaut, die sich auch in anderen Zusammenhängen wie z. B. dem modernen Projektmanagement bewährt haben. Zweitens bietet die zeitgemäße Form der Gliederung zahlreiche Anknüpfungspunkte an moderne Verfahren und Werkzeuge, die sich in den einzelnen Phasen einer Abschlussarbeit einsetzen lassen, um die jeweils spezifischen Aufgaben methodenbasiert zu erledigen. Das ist wichtig, weil eine methodische Vorgehensweise sowohl deren Wissenschaftlichkeit unterstützt als auch Effizienz und Effektivität fördert.

Dass die Wissenschaftlichkeit von Abschlussarbeiten ein zentrales Bewertungskriterium darstellt, ist evident. Auf den ersten Blick nicht ganz so deutlich erscheinen mag dagegen die Bedeutung einer effizienten und effektiven, letztlich also wirtschaftlichen Vorgehensweise. Doch auch sie ist hoch, denn die für Abschlussarbeiten erforderlichen Ressourcen stehen stets nur in eingeschränktem Umfang zur Verfügung. Dies gilt vor allem für die Bearbeitungszeit, die bei Bachelor- und Masterarbeiten in der Regel auf zwei bis drei Monate begrenzt ist. Bei Doktorarbeiten werden zwar nicht immer klar definierte zeitliche

Grenzen gesetzt, aber zumeist ergeben sich diese implizit aus den Randbedingungen, unter denen diese Arbeiten anzufertigen sind. Dazu gehört z. B. die regelmäßig begrenzte Dauer der Finanzierung von Forschungsprojekten oder die Notwendigkeit, neben der Anfertigung einer Doktorarbeit noch anderen Tätigkeiten nachzugehen. Weiterhin knapp sind z. B. Materialien, die für Experimente benötigt werden, Zugriffszeiten auf zentrale Forschungseinrichtungen oder Personal. Trotzdem werden verwertbare Ergebnisse erwartet. Zwar ist die Wahl einer geeigneten Vorgehensweise nicht das einzige Mittel, um diesen Zielkonflikt zwischen Ressourcenknappheit und Erfolgsdruck zu lösen, aber sie kann einen Beitrag leisten.

Weiterhin soll (4) die Gliederung – anknüpfend an den einleitenden Satz – sowohl die Struktur des Seins als auch den Prozess des Werdens zum Ausdruck bringen. Grundlage dafür ist die Systemtheorie, die den Vorteil bietet, disziplinübergreifend anerkannt zu sein und den interdisziplinären Dialog zu unterstützen.

Ein System beschreibt im Allgemeinen eine von seiner Umwelt abgegrenzte Gesamtheit aufeinander bezogener Elemente, die einem gemeinsamen Zweck dient (vgl. Haberfellner et al. 2012, 34). Konkret können auch Abschlussarbeiten als Systeme aufgefasst werden, die sich von anderen Arbeiten abgrenzen und deren formale Elemente aus Kapiteln, Abschnitten, Absätzen, Sätzen, Worten und Buchstaben bestehen, während ihre inhaltlichen Elemente aus Hypothesen, Argumenten, Schlussfolgerungen usw. gebildet werden.[8]

[8] Wollte man diesen Gedanken theoretisch weiterführen und noch exakter fassen, ließen sich Abschlussarbeiten in Anlehnung an Luhmann als Elemente sozialer Systeme beschreiben, die der wissenschaftlichen Kommunikation dienen (1987, 191 ff.) mit dem Ziel, Sinn zu generieren (1987, 92 ff.). Dies würde mit Blick auf das hier verfolgte Ziel jedoch zu weit führen.

Bilden Elemente eines Systems und deren Beziehungen zueinander eine bestimmte Ordnung, so wird dies als Struktur bezeichnet (vgl. ebd., 35). Die Struktur von Abschlussarbeiten besteht aus zwei Formen, die sich überlagern: Reihenfolge (Sequenz) und Hierarchie.

Die Reihenfolge bildet das, was im Volksmund oft als roter Faden bezeichnet wird. Diese Redewendung geht auf den Roman „Die Wahlverwandtschaften" von Johann Wolfgang von Goethe zurück. Darin vergleicht Goethe die Struktur des Tagebuchs von Ottilie mit dem Kernfaden des Tauwerks der britischen Marine. Dieses sei „dergestalt gesponnen, dass ein roter Faden durch das Ganze durchgeht, den man nicht herauswinden kann, ohne alles aufzulösen, und woran auch die kleinsten Stücke kenntlich sind, dass sie der Krone gehören". Eine solche Durchgängigkeit soll sich auch in der wissenschaftlichen Argumentation wiederfinden.

Die hierarchische Form der formalen Struktur einer Abschlussarbeit ergibt sich aus der Abstufung der Elemente in Kapitel und Abschnitte. Damit befassen sich die meisten der zitierten Ratgeber sehr ausführlich, während hier nur am Rande darauf eingegangen werden soll. In der inhaltlichen Struktur finden sich Hierarchien z. B. in der Bedeutung, Wichtigkeit oder Tragweite von Hypothesen, Argumenten und Schlussfolgerungen.

Was jedoch aus der Perspektive des Systems (z. B. Abschlussarbeit) ein Element (z. B. Kapitel, Abschnitt) darstellt, kann auf der entsprechenden Hierarchiestufe wiederum als System aufgefasst werden, welches sich innerhalb des übergeordneten Systems von seiner Umwelt abgrenzt und selbst aus Elementen besteht, für die auf ihrer jeweiligen Hierarchiestufe allerdings wieder dasselbe gilt und so fort. In diesem Zusammenhang spricht man auch von Subsystemen (vgl. ebd., 36). Die Abgrenzung eines Systems von seiner Umwelt führt natürlich nicht zu einem Abbruch der Zusammenhänge, aber sie sorgt dafür, dass grenzüberschreitende Beziehungen jeweils anderen Bedingungen der Fortführung unterworfen sind (vgl. Luhmann 1987, 35). In Bezug auf Abschlussarbeiten bedeutet dies, dass die Kapitel und Abschnitte zwar sequenziell aufeinander aufbauen und insofern inhaltlich miteinander verbunden sind, zugleich aber einen jeweils eigenen Zweck haben und diesen auf jeweils spezifische Weise erfüllen müssen. Das wiederum bedeutet, dass bestimmte Inhalte nur in dafür bestimmten Kapiteln behandelt werden können.

Systeme sind aber nicht nur durch ihre Strukturen bestimmt, sondern auch durch Prozesse. Während Strukturen gemeinhin als zeitlos bestehende Ordnungen verstanden werden, bilden Prozesse in erster Näherung zeitlich aufeinanderfolgende Ereignisse ab. Bei näherer Betrachtung zeigt sich jedoch, dass diese strenge Unterscheidung nicht in jeder Hinsicht weiterführt, denn jede Strukturierung ist, soweit sie nicht zufällig erfolgt, ein Prozess, und Prozesse haben wiederum Strukturen, wenn sich die zeitliche Abfolge von Ereignissen nicht zufällig einstellt (vgl. ebd., 74). Vor diesem Hintergrund können Struktur und Prozess nicht voneinander losgelöst betrachtet werden. Sie bilden quasi zwei Seiten einer Medaille.

Aus systemtheoretischer Sicht bietet es sich also an, die Struktur der Abschlussarbeit und den Prozess ihrer Entstehung aufeinander zu beziehen. Das bedeutet konkret, dass die Reihenfolge der Kapitel zugleich die Vorgehensweise darstellt et vice versa. Vor diesem Hintergrund lässt sich das hier verfolgte Ziel dahin gehend konkretisieren, dass die zu entwickelnde Gliederung sowohl die Struktur von Abschlussarbeiten (Struktur des Seins) als auch den Prozess der darin dokumentierten Arbeit, also die Abarbeitung der einzelnen Arbeitsschritte gemäß einer logischen Sequenz, abbildet.

Ein weiteres Ziel (5) besteht darin, eine Gliederung zu entwickeln, die mit allen Arten der wissenschaftlichen Argumentation und Schlussfolgerung kompatibel ist. Exemplarisch werden im Folgenden die Induktion und die Deduktion als Formen einer linearen, logischen Argumentation, die Hermeneutik als zyklische Argumentation und die kritische Methode als dialektische Argumentation skizziert, um sie quasi als Maßstab zu verwenden, an dem das Erreichen des Ziels gemessen werden kann.

Die wissenschaftstheoretische Diskussion darüber, welche Art der Argumentation am besten geeignet ist, ist so alt wie die Wissenschaft und bis heute nicht abgeschlossen. Hier würde es allerdings zu weit und am Ziel vorbei führen, diese Diskussion wiederzugeben oder gar eine eigene Position zu erarbeiten. Daher sei zu diesem Thema auf die große Zahl der diesbezüglichen Literatur verwiesen, beispielsweise auf Schurz (2008, 47 ff.), Kornmeier (2007, 29 ff.) oder Carrier (2008, 9 ff.). Im Übrigen werden die Ansätze im Folgenden gleichrangig behandelt.

Abb. 4 zeigt die Induktion und die Deduktion in der Form des bekannten induktiv-deduktiven Schemas, das die beiden Arten des Schließens zwar stark vereinfacht (vgl. Schurz 2008, 49), für den hier intendierten Zweck aber ausreicht.

Die Deduktion resultiert aus dem wissenschaftlichen Standpunkt des Rationalismus, nach dem Erkenntnis nicht durch sinnliche Erfahrung, sondern durch den Gebrauch des Verstandes zustande kommt (vgl. Kornmeier 2007, 35 f.; Schurz 2008, 12 ff.). Allerdings erfolgt dies nicht unvoreingenommen. Vielmehr liegt jeder Erkenntnis bereits eine Vermutung, eine Annahme, eine Hypothese oder eine Theorie zugrunde, die den Blick auf die Realität quasi filtert. Von diesen als allgemeingültig angenommenen Ausgangspunkten gelangt man durch

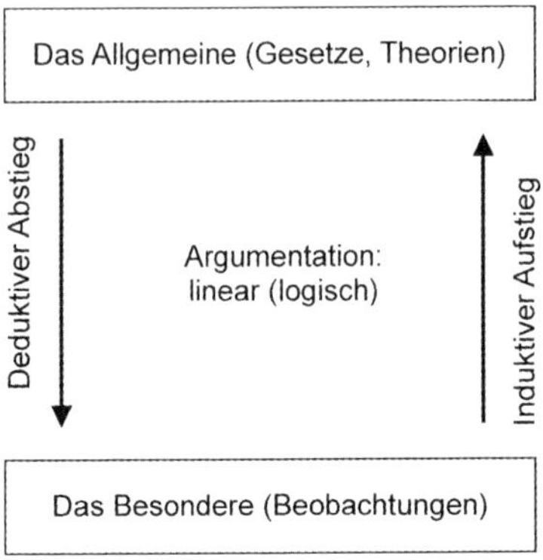

Abb. 4: Induktiv-deduktives Schema

Deduktion zum Besonderen: aus einer vorhandenen Erkenntnis wird – unabhängig von sinnlichen Erfahrungen in der Realität – eine neue abgeleitet. Allerdings müssen die gewonnenen Theorien „empirische Konsequenzen haben, an denen sie überprüft werden können" (Schurz 2008, 14).

Von besonderer Bedeutung ist der im Wesentlichen von Karl R. Popper (1976) begründete kritische Rationalismus (vgl. Schurz 2008, 15). Danach ist es dem Menschen prinzipiell unmöglich, die Wirklichkeit zu erkennen. Zwar sucht der Mensch mithilfe der Wissenschaft nach der Wahrheit, also nach zutreffenden Aussagen über die Wirklichkeit, und tatsächlich ist es ihm auch möglich, solche Aussagen zu machen, aber er kann sich dessen nie gewiss sein. Die Unterscheidung zwischen Wahrheit und Gewissheit führt zur Kritik als Methode (Fallibilismus). Danach gilt das Hauptaugenmerk nicht dem Versuch, eine Aussage zu beweisen, sondern dem Versuch, ihre Gültigkeit zu widerlegen. Und je häufiger eine Aussage einer Kritik standgehalten hat, desto wahrscheinlicher erscheint ihre Gültigkeit. Wird eine Aussage dagegen auch nur ein einziges Mal widerlegt, so gilt sie nach Poppers Auffassung als insgesamt widerlegt und muss ausgeschieden werden.

Gegen diese harte Bedingung hat Lakatos (1974) im Lichte der Theorie wissenschaftlicher Revolutionen von Kuhn (1996) den Einwand vorgebracht, dass eine Theorie in der Praxis normalerweise nicht aufgrund eines einzigen Gegenbeweises fallen gelassen wird. Vielmehr werde sie zunächst durch Modifikationen gegenüber Widersprüchen quasi immunisiert. Erst wenn sich die Theorie auch nach fortgesetzter Veränderung nicht bewähren würde, werde sie endgültig verworfen. Dieser Einwand gilt heute zwar als weithin anerkannt, stellt den kritischen Rationalismus aber grundsätzlich nicht infrage.

Die Induktion resultiert aus dem wissenschaftlichen Standpunkt des Empirismus, der insofern die genaue Gegenposition zum Rationalismus darstellt, als er die sinnliche Wahrnehmung, also das Besondere, das Beobachtbare, für die wichtigste Quelle menschlicher Erkenntnis angibt (vgl. Kornmeier 2007, 36; Schurz 2008, 12 f.). Davon ausgehend gelangt man durch Induktion zu allgemeingültigen Aussagen, Gesetzmäßigkeiten und Theorien. Ein Beispiel dafür ist das Experiment, bei dem in einer Reihe einzelner Versuche Daten gesammelt werden, um diese dann zu einer verallgemeinernden Aussage zu verdichten.

Die wissenschafts- und erkenntnistheoretische Diskussion über geeignete Methoden war lange Zeit und ist sicherlich bis heute stark von naturwissenschaftlichen und inzwischen auch technischen Disziplinen geprägt. Dies wird dem sichtbaren Erfolg zugeschrieben, der sich vor allem im technischen Fortschritt ausdrückt.

Im 19. Jahrhundert entwickelte sich in den Geisteswissenschaften jedoch eine vor allem von Friedrich Schleiermacher, Wilhelm Dilthey und Wilhelm Windelmacher initiierte Gegenbewegung, die sich methodisch von Naturwissenschaft und Technik absetzte und ihre prinzipielle Andersartigkeit betonte (vgl. Kornmeier 2007, 19 f.). Daraus ist u. a. die Methode der Hermeneutik als Lehre des zwischenmenschlichen Verstehens hervorgegangen (vgl. Gadamer 2010).

Der Unterschied zwischen Natur- und Geisteswissenschaften wird üblicherweise zugespitzt in der Aussage, dass es in den Naturwissenschaften darum geht, zu erklären, in den Geisteswissenschaften dagegen darum, zu verstehen. Während naturwissenschaftliche und insofern auch technische Erklärungen auf Gesetzmäßigkeiten basieren, lassen sich geisteswissenschaftliche Erklärungen nach Auffassung von Hermeneutikern nicht auf Gesetzmäßigkeiten zurückführen.

Daraus resultiert als Methode der sogenannte hermeneutische Zirkel (Abb. 5). Ausgangspunkt des Verstehens kultureller Äußerungen wie z. B. Texten oder Kunstwerken ist das Weltbild des Interpreten, das sich vom Weltbild des Produzenten unterscheidet. Auf der Basis seines Weltbildes und eines darauf basierenden Vorverständnisses, das bei einem Text u. a. die Kenntnis der Sprache und Vorstellungen über die Umstände, unter denen der Text entstanden ist, umfasst, versucht der Interpret, den Text zu verstehen. Wenn und soweit er offen und empfänglich ist, wird sich sein Vorverständnis dadurch verändern. Von diesem veränderten Weltbild ausgehend wird sich der Interpret nun erneut mit dem Text befassen, dadurch wiederum sein Vorverständnis ändern und so fort. Auf diese Weise nähert sich der Interpret dem an, was der Produzent ausdrücken wollte. Mit der Begründung, dass mit jedem Durchlaufen des Kreislaufs ein Verstehenszuwachs verbunden ist, hat Jürgen Bolten (1985, 362 ff.) vorgeschlagen, statt von einem Zirkel von einer Spirale zu sprechen.

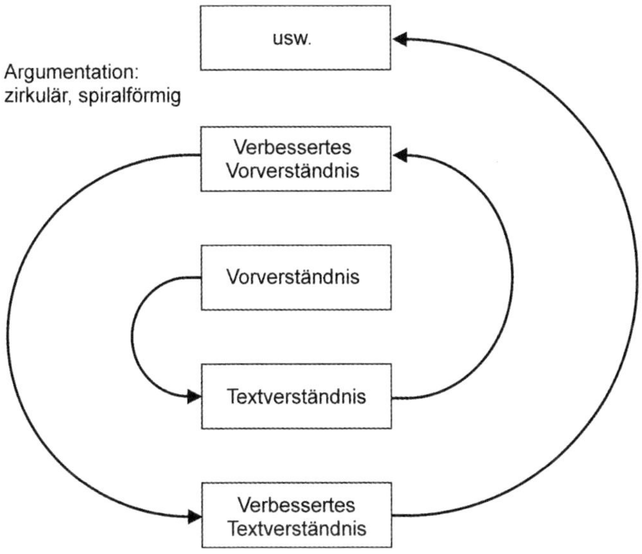

Abb. 5: Hermeneutischer Zirkel (Spirale)

Die Diskussion über die methodische Abgrenzung der Geisteswissenschaften von den Naturwissenschaften wurde im 20. Jahrhundert fortgesetzt. Daraus hervorgegangen ist u. a. die von der Frankfurter Schule um Max Horkheimer, Theodor W. Adorno, Herbert Marcuse und Jürgen Habermas entwickelte kritische Theorie, die den hermeneutischen Ansatz mit der Erkenntnis kombiniert, dass wissenschaftliche Erkenntnis prinzipiell nicht frei von Interessen ist. Damit verbunden war die Abkehr von dem bis dahin grundlegenden Anspruch der Wertneutralität wissenschaftlicher Arbeit (vgl. Kornmeier 2007, 19 f.).

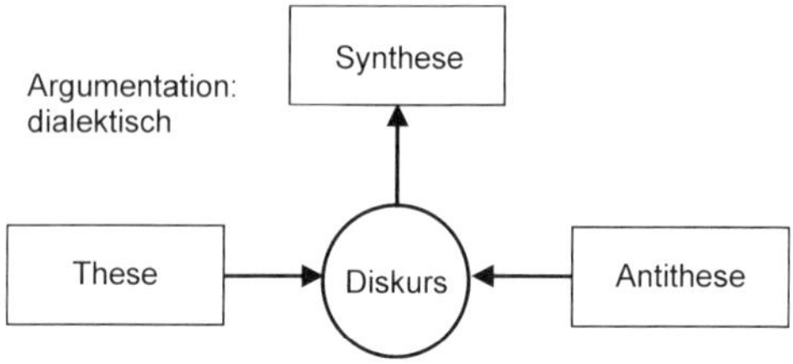

Abb. 6: Dialektik

Als Methode empfiehlt die Frankfurter Schule die Dialektik, die ihre Wurzeln ebenso wie der induktive und der deduktive Ansatz in der Antike hat und vereinfachend als „Kunst der Unterredung" beschrieben wird. Ausgangspunkt ist die Feststellung, dass die Wirklichkeit von Widersprüchen geprägt ist, die sich nicht ohne Weiteres auflösen lassen. Um die Widersprüche offenzulegen und auf diese Weise für die Erkenntnisgewinnung fruchtbar zu machen, wird eine These formuliert, der eine Antithese gegenübergestellt wird (Abb. 6). Dies kann gleichzeitig geschehen oder insofern aufeinanderfolgen, als sich die Antithese aus der Kritik an der These entwickeln kann. In einem Diskurs werden dann These und Antithese mit den jeweils für und gegen sie sprechenden Argumenten einander gegenübergestellt. Ziel des Diskurses ist, daraus eine Synthese zu entwickeln, die sowohl die jeweils brauchbaren Teile der These und der Antithese bewahrt als auch neue Einsichten hinzufügt.

Die hier skizzierten Arten des wissenschaftlichen Argumentierens und Schließens vollziehen sich also auf den ersten Blick auf recht unterschiedliche Weise: linear/logisch, zirkulär und diskursiv. Insofern ist der Anspruch, dafür eine einheitliche Struktur und Vorgehensweise anzugeben, durchaus ehrgeizig. Ob es gelingt, wird sich zeigen.

Zusammenfassend soll die Gliederung also folgende Anforderungen erfüllen:

1. Sie soll an die traditionelle Form der Gliederung wissenschaftlicher Arbeiten anknüpfen und
2. begründen, warum diese besser geeignet ist als die derzeit propagierte, triviale Gliederung nach dem Schema Einleitung, Hauptteil und Schluss.
3. Sie soll zeitgemäß interpretiert werden, um verständlicher zu sein und Anknüpfungspunkte an moderne Methoden, Verfahren und Werkzeuge zur Unterstützung der einzelnen Phasen der wissenschaftlichen Arbeit zu bieten.
4. Sie soll sowohl die Struktur des Seins als auch den Prozess des Werdens abbilden und
5. sie soll universell, also insbesondere interdisziplinär anwendbar und für unterschiedliche Arten des wissenschaftlichen Argumentierens und Schließens geeignet sein.

4 Methodik und Arbeitsprogramm

Für die weiteren Überlegungen wird ein hypothetisch-deduktiver Ansatz gewählt. Ausgangspunkt der Argumentation ist also die frei formulierte Hypothese, dass die in Abschnitt 2.2 hergeleitete Gliederung, transformiert in eine zeitgemäße Form, alle Anforderungen erfüllt, die im vorausgegangenen Kapitel formuliert worden sind. Das soll anhand praktischer Beispiele geprüft werden. Im Sinne des kritischen Rationalismus (vgl. Popper 1976) kann die Hypothese so lange Gültigkeit beanspruchen, bis der Gegenbeweis gelungen ist.

Methodisch handelt es sich im Wesentlichen um eine Literaturarbeit, da die zur Entwicklung des Gliederungskonzepts herangezogenen Erkenntnisse zu einem großen Teil bereits von anderen Autoren publiziert wurden. An erster Stelle sind in diesem Zusammenhang Reinhard Haberfellner, Oliver L. de Weck, Ernst Fricke und Siegfried Vössner (2012) zu nennen. Insoweit gründet die vorliegende Arbeit auf Sekundärforschung. Darüber hinaus basieren die zugrunde gelegten Erkenntnisse auf eigenen Beobachtungen des Autors, die im Laufe einer zwölfjährigen wissenschaftlichen Tätigkeit an verschiedenen Universitäten und Fachhochschulen gemacht wurden. In dieser Hinsicht ist die vorliegende Arbeit empirisch begründet und als Feldforschung der Primärforschung zuzuordnen.

Schließlich wird die zugrunde gelegte Theorie in hypothetisch-deduktiver Form um einen Aspekt ergänzt, der nicht nur im Hinblick auf die Anfertigung und Strukturierung wissenschaftlicher Abschlussarbeiten weiterführend erscheint, sondern auch auf andere Anwendungsbereiche wie z. B. das Projektmanagement anwendbar sein soll. Letzteres zu zeigen bleibt jedoch Publikationen vorbehalten, die sich speziell mit den anderen Anwendungsbereichen befassen. Hier soll die Hypothese, die den Aspekt beschreibt, um den die Theorie ergänzt werden soll, nur anhand der Anfertigung und Strukturierung wissenschaftlicher Abschlussarbeiten praktisch überprüft und auf diese Weise verifiziert werden.

4.1 Systems Engineering

Der gewählte Ansatz basiert auf dem Systems Engineering. Haberfellner et al. verstehen darunter eine Methodik, „die bei der Bearbeitung von Problemen hilft, gleichgültig, welcher Art sie sind“ (2012, 27). Ein Problem ist in diesem Zusammenhang „die Differenz zwischen dem, was vorhanden ist (= IST), und der Vorstellung von einem SOLL“ (ebd.). Insofern kann man synonym z. B. auch von einer Aufgabe, von der Verifizierung einer Hypothese oder von der Suche nach einer Antwort auf eine (Forschungs-)Frage sprechen. Im Folgenden soll jedoch vorrangig von Problemen gesprochen werden, um die Verbindung zwischen Theorie und Praxis aufrechtzuerhalten.

Das Gelingen einer Problemlösung hängt von vielen Faktoren ab (vgl. ebd.). Dazu gehören beispielsweise Fachwissen, Erfahrung, Kreativität, Motivation und Methodenkompetenz. Von all diesen Faktoren befasst sich das Systems Engineering mit nur einem: mit der Methodik. Und aus dieser Methodik greift das vorliegende Buch im Wesentlichen nur einen Aspekt heraus: das Vorgehensmodell (vgl. ebd., 57 ff.).

Das im Hinblick auf die Gliederung wissenschaftlicher Abschlussarbeiten relevante Vorgehensmodell wird im Systems Engineering als Problemlösungszyklus bezeichnet (vgl. ebd., 73 ff.). Seine Ursprünge werden auf John Dewey (1997) zurückgeführt (vgl. Haberfellner et al. 2012, 73; Wolf 2001, 10), der allerdings bekannter ist als Begründer des inzwischen weitverbreiteten problembasierten Lernens (Problem-Based Learning (PBL), Case Study Method). Beides, sowohl das Vorgehensmodell als auch das pädagogische Lernkonzept, basiert auf der Analyse kognitiver Prozesse. In seiner aktuellen Form umfasst der Problemlösungszyklus die Phasen

1. Anstoß (Anlass),
2. Situationsanalyse (Diagnose),
3. Zielformulierung,
4. Synthese,
5. Analyse,
6. Bewertung und
7. Entscheidung.

Für eine Anwendung zur Strukturierung von Abschlussarbeiten wird er hier um eine Phase ergänzt, die der Zielformulierung folgt und die Methodik sowie das Arbeitsprogramm beschreibt. Da dies von grundlegender Bedeutung ist, wird eine ausführliche Begründung folgen. Weiterhin werden die Synthese- und die Analysephase sowie die Bewertungs- und Entscheidungsphase zusammengefasst. Damit sind jedoch keine wesentlichen Eingriffe in den Problemlösungszyklus verbunden, denn Inhalt und Reihenfolge der Phasen bleiben erhalten. Insofern kann in diesem Fall auf eine ausführliche Begründung verzichtet werden, zumal es grundsätzlich nicht falsch wäre, auf diese Zusammenfassungen zu verzichten. Insgesamt stellt sich der modifizierte Problemlösungszyklus, der den weiteren Überlegungen zugrunde gelegt werden soll, gemäß Abb. 7 dar.

Bevor die Phasen im Einzelnen erläutert werden, soll das bereits in Abschnitt 2.3.1 gewählte Beispiel eines Zahnarztbesuchs wieder aufgegriffen werden, um daran nun etwas ausführlicher die Sinnfälligkeit dieser Vorgehensweise zu verdeutlichen und insbesondere auch schon einmal zu zeigen, warum die Methodenplanung eine eigenständige Phase darstellt.

Als Anlass (1) für den Arztbesuch hatten wir ja Zahnschmerzen genannt und bereits geklärt, dass der Zahnarzt (2) zunächst eine Diagnose (Situationsanalyse) stellen wird. Nehmen wir an, dass er dabei ein Loch im Zahn entdeckt. Das primäre Ziel (3) wird nun darin bestehen,

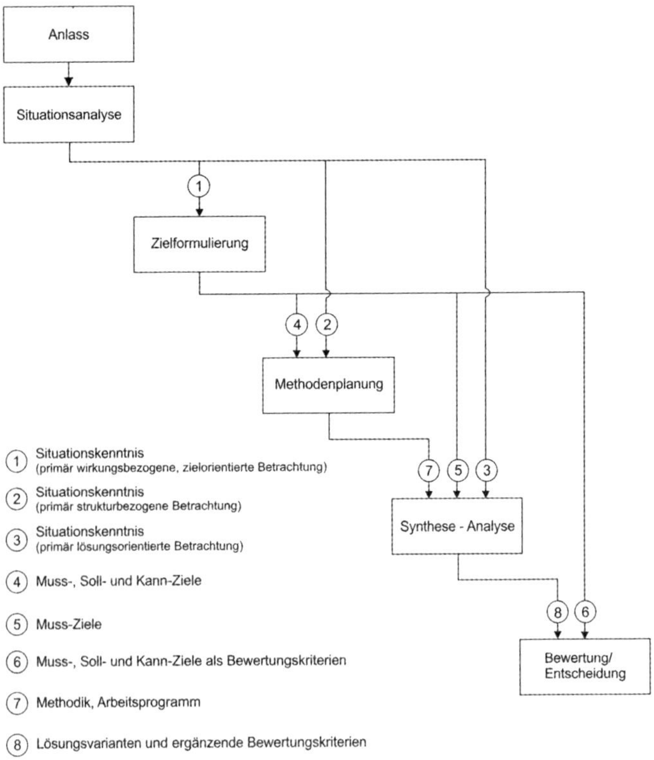

Abb. 7: Problemlösungszyklus in Anlehnung an Haberfellner et al. (2012)

die betroffene Zahnsubstanz auszuräumen und das Loch mit Füllmaterial zu schließen. Möglicherweise werden aber weitere Ziele hinzukommen, beispielsweise geringe Kosten, eine schmerzfreie Behandlung, die Vermeidung von Nebenwirkungen und ein ansprechendes Aussehen des behandelten Zahns. Diese Ziele stehen jedoch teilweise im Konflikt zueinander, denn eine schmerzfreie Behandlung ist nur durch eine lokale Anästhesie möglich, doch diese ist unter Umständen mit Risiken und Nebenwirkungen verbunden (vgl. Wolf 2012), und die Verwendung eines Keramik-Inlays hat gegenüber einer Komposit- oder gar einer Amalgam-Füllung bekanntlich signifikante Vorteile, ist aber teurer. Um Zielkonflikte wie diese zu lösen, wird der Patient also Prioritäten setzen müssen.

In der nun folgenden Phase (4) wird der Zahnarzt mit seinem Patienten die möglichen Verfahren, Werkzeuge und Hilfsmittel (Methodik) zur Behandlung des defekten Zahns erörtern. Dabei gibt es in der Regel Alternativen, die jeweils Vor- und Nachteile haben. Zum Bohren lässt sich z. B. ein mechanischer Bohrer oder ein Lasergerät einsetzen. Während die Kosten für den Einsatz des mechanischen Bohrers allerdings vollständig von der Krankenkasse übernommen werden, muss der Patient die Kosten des Laserbohrers selbst tragen. Vorteil des Laserbohrers ist aber u. a. eine größere Präzision. Weiterhin ist es möglich, das Loch mit verschiedenen Materialien zu füllen, beispielsweise mit Kunststoff oder Keramik, und auch hier sind die jeweiligen Vor- und Nachteile abzuwägen. Sind schließlich alle diesbezüglichen Entscheidungen getroffen, wird der Zahnarzt seinem Patienten das weitere Vorgehen (Arbeitsprogramm) erläutern. Das ist wichtig, weil dies für den Patienten oft die vorerst letzte Gelegenheit ist, mündliche Beiträge zum Gespräch zu leisten, denn wenn die Behandlung erst einmal begonnen hat, wird er seinen Mund zumeist permanent so weit geöffnet halten müssen, dass eine Artikulation nicht mehr möglich ist. Das wird er sehr viel ruhiger über sich ergehen lassen, wenn er weiß, was auf ihn zukommt.

Der Arzt wird nun das besprochene Arbeitsprogramm abarbeiten. Dies erfordert ein Wechselspiel zwischen Synthese und Analyse (5). Synthese meint in diesem Zusammenhang ein kreatives Erschaffen einer Lösung (vgl. Haberfellner et al. 2012, 78). Der Zahnarzt dringt mit seinem Bohrer in den Zahn ein, um die von Karies betroffene Zahnsubstanz zu entfernen und für die spätere Füllung einen guten Sitz herzustellen. Da eine Kontrolle des eigentlichen Bohrvorgangs nur begrenzt möglich ist, weil der Bohrer den Blick auf die angegriffene Fläche verstellt, wird der Arzt in dieser Phase mit Erfolgszuversicht ans Werk gehen müssen. Allerdings wird er das Bohren immer wieder unterbrechen, um das jeweilige Zwischenergebnis beurteilen zu können. Damit geht eine eher kritische Haltung einher. Wichtig ist in diesem Zusammenhang, dass Synthese und Analyse in dieser Phase zumeist mehrfach aufeinanderfolgen und dass sie nicht gleichzeitig stattfinden können, denn die in der Synthese erforderliche Kreativität und die mit der Analyse verbundene Kritik würden sich neutralisieren.

Nach Abschluss der Behandlung folgt die Bewertung des Ergebnisses (6). Als Bewertungskriterien werden dazu die in der dritten Phase definierten Ziele herangezogen (Abb. 7, Punkt 6). So wird der Zahnarzt seinem Patienten z. B. zur Beurteilung der Ästhetik einen Spiegel reichen. Schließlich wird entschieden, ob das Ergebnis befriedigend ist oder ob weitere Maßnahmen erforderlich sind.

Bisher konnte der Eindruck entstehen, dass es sich um eine lineare Vorgehensweise handelt. Tatsächlich wird sie jedoch als Zyklus bezeichnet. Das bedeutet, dass bestimmte Phasen mehrfach durchlaufen werden können. Um das zu visualisieren, zeigt Abb. 8 das Vorgehensmodell nochmals in einer Form, die den zyklischen Charakter zum Ausdruck bringt.

Darin wird deutlich, dass nach nahezu allen Phasen zu entscheiden ist, ob das bis dahin erzielte Ergebnis befriedigend ist und insofern eine Basis für das weitere Vorgehen bildet. Ist das nicht der Fall, so ist ein Rücksprung in eine frühere Phase, im Extremfall sogar ein Abbruch des Vorhabens in Erwägung zu ziehen. Würde man das Vorhaben ohne diese Prüfungen fortsetzen, würden Probleme erst zu einem späteren Zeitpunkt zutage treten und die bis dahin durchgeführten Arbeiten würden sich als mehr oder weniger vergeblich erweisen.

In dieser Hinsicht unterscheiden sich Vorgehensmodelle für die Bearbeitung neuer, einmaliger Aufgaben grundsätzlich von Vorgehensmodellen für Routinetätigkeiten. Letztere werden heute oft mit Methoden des Prozessmanagements organisiert (vgl. Gaitanides 2007). Dabei gilt es vor allem, Schnitt-

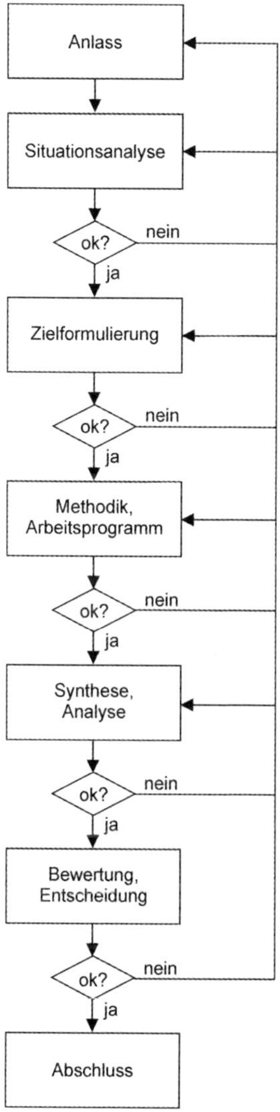

Abb. 8: Problemlösungszyklus unter Berücksichtigung möglicher Rückverzweigungen in Anlehnung an Haberfellner et al. (2012)

stellen zwischen einzelnen Prozessschritten zu vermeiden und eine möglichst durchgängige Bearbeitung einer Aufgabe zu ermöglichen. Das ist möglich, weil die Zwischenergebnisse von Routinetätigkeiten ebenso wie die Endergebnisse zumindest bezüglich ihrer Merkmale stets von vorneherein bekannt sind, während sich lediglich die Ausprägungen der Merkmale unterscheiden. Das ist bei einmaligen Aufgaben nicht der Fall. Dadurch, dass sie so noch nie bearbeitet wurden, lassen sich auch die Merkmale von Zwischen- und Endergebnissen nicht mit hinreichender Sicherheit vorhersagen. Daher verwendet man in solchen Fällen keine Prozessmodelle, sondern Phasenmodelle.

Phasen werden auch als Abschnitte bezeichnet. Mehr noch als der Begriff der Phase macht der Begriff des Abschnitts deutlich, dass damit eine Unterbrechung verbunden ist. Im Projektmanagement bezeichnet man solche Unterbrechungen üblicherweise als Meilensteine (vgl. DIN 69901). Bei der Ausführung einmaliger Aufgaben sind, anders als bei der Durchführung von Routinetätigkeiten, Unterbrechungen gewollt, um zum frühestmöglichen Zeitpunkt unvorhergesehene Entwicklungen erkennen und darauf reagieren zu können.

Im Rahmen des gewählten Beispiels ist es beispielsweise denkbar, dass der Patient angesichts möglicher Risiken und Nebenwirkungen in der Phase der Zielformulierung zunächst auf eine Narkose verzichtet hat. In der Behandlungsphase können die Schmerzen dann aber so stark werden, dass er schließlich doch nach einer Narkose verlangt. Damit verbunden ist ein Rücksprung in die Phase der Zielformulierung, denn der Zielkonflikt zwischen Schmerzhaftigkeit und Nebenwirkungsfreiheit der Behandlung wird nun anders aufgelöst. Und auch die Phase der Methodenwahl ist nochmals zu durchlaufen, denn nun ist zu klären, welche Art der Narkose zur Anwendung kommen soll. Darauf ist schließlich auch das Arbeitsprogramm neu abzustimmen, bevor die Behandlungsphase wieder eingeleitet werden kann.

Bei den Bewertungen und Entscheidungen beim Übergang von einer Phase in die nächste sollten nach Möglichkeit alle Beteiligten und Betroffenen (synonym: Stakeholder, Anspruchsgruppen, interessierte Parteien) einbezogen werden. Diese Forderung lässt sich auf der Basis eines engen oder eines erweiterten Verständnisses der Rolle von Anspruchsgruppen begründen (vgl. Göbel 2010, 126 ff.). Nach einer engen Auslegung der Rolle von Anspruchsgruppen sind nur diejenigen zu berücksichtigen, die das Vorhaben unmittelbar beeinflussen können. Einer erweiterten Auffassung zufolge sind alle einzubeziehen, die ein legitimes Interesse vertreten, auch dann, wenn sie nicht die Macht haben, ihre Interessen gegen Widerstand durchzusetzen. Der erstgenannte Ansatz basiert auf einem rein ökonomischen Kalkül, der letztgenannte darüber hinaus auch auf einer moralischen Haltung. Vor allem der erstgenannte Ansatz lässt deutlich erkennen, dass eine Vernachlässigung der Interessen von Anspruchsgruppen das gesamte Vorhaben gefährden kann. Daher ist es klug, sie in alle wesentlichen Entscheidungen zum jeweils frühestmöglichen Zeitpunkt einzubinden.

Der Zahnarzt hat es in dieser Hinsicht relativ leicht, denn er wird sich im Verlauf einer Behandlung nur mit seinem Patienten einigen müssen. Im Allgemeinen sind dagegen deutlich mehr Anspruchsgruppen zu berücksichtigen. Dies können z. B. Kunden, Lieferanten, Nachbarn, der Staat, die natürliche Umwelt, Unternehmer oder abhängig Beschäftigte sein. Allerdings erfordert jedes Vorhaben eine spezifische Stakeholder-Analyse.

Bei wissenschaftlichen Abschlussarbeiten stellt sich diesbezüglich die Frage, ob auch die Gutachter als Stakeholder einzustufen sind. Eine pauschale Aussage dazu erscheint schwierig, da sie u. a. vom Selbstverständnis des Gutachters abhängt. Eine Möglichkeit besteht darin, dass sich der Gutachter als neutraler Dritter sieht, der sich inhaltlich nicht einbringt und lediglich das Ergebnis beurteilt. In diesem Fall wäre er tendenziell nicht als Stakeholder aufzufassen und insofern auch nicht in Zwischenbeurteilungen und -entscheidungen einzubeziehen. Eine andere Möglichkeit ist die, dass sich ein Gutachter auch als Betreuer einer Abschlussarbeit versteht und dadurch mehr oder weniger involviert ist. In diesem Fall wäre er durchaus als Stakeholder einzustufen. Diese Überlegungen machen deutlich, dass es wichtig ist, die Rolle des Gutachters und die daraus resultierenden Erwartungen vor Beginn einer Abschlussarbeit eindeutig zu klären.

Das einfache Beispiel des Zahnarztes hat gezeigt, dass der Problemlösungszyklus in der zuvor skizzierten Form darauf ohne Einschränkungen angewendet werden kann. Und das Beispiel hat deutlich gemacht, dass der aus dem Systems Engineering bekannte Problemlösungszyklus (vgl. Haberfellner et al. 2012, 73 ff.) um eine Phase ergänzt werden muss, in der die Methodik und das Arbeitsprogramm festgelegt werden.

Aufmerksame Studierende, die anhand dieses Beispiels lernen sollten, ihre Abschlussarbeit zu gliedern, haben gelegentlich den Einwand vorgebracht, dass der Zahnarzt das, was er plane, auch umsetzen würde, während die Realisierung zumeist nicht zum Aufgabenumfang von Abschlussarbeiten gehöre. Vielmehr ginge es dabei vorrangig um konzeptionelle Arbeiten. In solchen Fällen hat es sich bewährt, zunächst anhand eines zweiten kleinen Beispiels zu zeigen, dass der Problemlösungszyklus auch darauf anwendbar ist. Bei der Wahl eines geeigneten Beispiels kann man sich aus der Alltagswelt von Studierenden beliebig bedienen. Besonders „beliebt“ ist die Planung einer Party, weil damit die Unterstellung verbunden ist, dass Studierende ständig feiern – ein Klischee, das selbst den Bologna-Prozess überdauert zu haben scheint.

Gehen wir also davon aus, dass auch Studierende in der Regel nur zu konkreten Anlässen (1) Partys veranstalten.[9] Dann werden sie erst einmal die Situation analysieren (2), also z. B. klären, mit wie vielen Gästen zu rechnen ist, welches Budget zur Verfügung steht usw. Unter diesen Bedingungen werden sie Ziele formulieren (3), zu denen ein hoher Unterhaltungswert, die Vermeidung von Lärmbelästigungen in der Nachbarschaft usw. gehören können. Bei dieser kurzen Auflistung zeichnet sich schon ab, dass auch hier mit Zielkonflikten zu rechnen ist, die im Rahmen der Zielformulierung gelöst werden müssen, bevor die nächste Phase beginnt. Immerhin steigt für viele der Unterhaltungswert einer Feier proportional zur Lautstärke der Musik. Stehen die Ziele fest, so werden die Studierenden als Nächstes (4) Methodik und Arbeitsprogramm festlegen. In diesem konkreten Beispiel kann das bedeuten, dass sie die Organisation der Party ganz oder teilweise Dritten wie z. B. einem Partyservice, einem Discjockey usw. überlassen oder dass sie diese selbst übernehmen. Dazu sind die jeweiligen Vor- und Nachteile abzuwägen. Abhängig von den schließlich getroffenen Entscheidungen ist dann das weitere Vorgehen zu planen. Nun gilt es, (5) das Arbeitsprogramm abzuarbeiten, also z. B. einen Veranstaltungsort zu finden, die Zeit festzulegen, Musik auszuwählen, den Getränkeeinkauf zu planen usw. Auch dabei findet ein Wechsel zwischen Synthese im Sinne kreativer Gestaltungsphasen und Analyse im Sinne kritischer Prüfungen von Zwischenergebnissen statt, bis Partykonzepte vorliegen, von denen abschließend (6) durch vergleichende Bewertung auf der Basis aller Zielkriterien das beste Konzept ausgewählt wird.

Wie dieses zweite Beispiel zeigt, lässt sich der Problemlösungszyklus also auch bei rein konzeptionellen Arbeiten uneingeschränkt anwen-

[9] Würden sie ständig Partys feiern, wäre dies nicht in Form von Projekten, sondern als Routineaufgabe zu erledigen.

den. Grund dafür ist, dass er in gewissen Grenzen skaleninvariant ist. Das bedeutet, dass er auf unterschiedlichen Detailierungsstufen eingesetzt werden kann.[10]

So lässt sich, um im gewählten Beispiel zu bleiben, auch das Finden eines Veranstaltungsorts für die Party – eine Aufgabe innerhalb der fünften Phase des gerade skizzierten Vorhabens – mithilfe des Problemlösungszyklus erledigen. (1) Der Anlass dazu ist in diesem Fall evident. (2) In der Situationsanalyse wird man sich nicht nur auf die bereits im Rahmen der Situationsanalyse des Gesamtvorhabens beschafften Informationen wie z. B. die erwartete Anzahl der Gäste stützen, sondern zusätzliche Informationen heranziehen. So ließe sich z. B. der Wetterbericht abfragen, um entscheiden zu können, ob die Party in einem geschlossenen Raum oder im Freien stattfinden soll. Und auch bei der Zielformulierung (3) werden oft detailliertere Ziele ergänzt. In diesem Fall könnte es zusätzlich darum gehen, einen Veranstaltungsort zu finden, der von der Hochschule aus zu Fuß in weniger als 10 Minuten erreicht werden kann, weil ein erheblicher Teil der erwarteten Gäste am frühen Abend noch an einer Hochschulveranstaltung teilnehmen wird und anschließend keine langen Wege mehr auf sich nehmen möchte. Methodisch (4) wird man sich daraufhin sowohl auf eine Internet-Recherche als auch auf eine Befragung von Kommilitonen einigen, die damit verbundenen Arbeiten auf die Beteiligten aufteilen (Arbeitsprogramm) und einen Termin zur Besprechung der Ergebnisse vereinbaren. Die Abarbeitung des Arbeitsprogramms (5) ist auch auf dieser Detaillierungsstufe ein Wechsel aus Synthese und Analyse. So wird man bei der Internet-Recherche zunächst in einer kreativen Phase geeignete Suchbegriffe identifizieren, um die damit

[10] Skaleninvarianz ist ein in der Natur weitverbreitetes Phänomen. Besonders anschaulich wird dieses Phänomen z. B. in der Fraktalen Geometrie anhand der Mandelbrot-Menge visualisiert (vgl. Mandelbrot 1989, 114).

erzielten Suchergebnisse dann kritisch zu bewerten, bei unbefriedigenden Resultaten alternative Suchbegriffe ausprobieren und so fort, bis schließlich machbare Lösungsvarianten vorliegen, die in der letzten Phase (6) vergleichend bewertet werden, um eine abschließende Entscheidung treffen zu können.

Und so, wie sich der Problemlösungsprozess quasi nach unten skalieren lässt, kann er auch auf einer höheren Detaillierungsstufe angewendet werden. Beispielsweise kann das Vorhaben, eine Party zu veranstalten, Teil einer großen Veranstaltung sein. Nehmen wir an, dass zu Beginn des Wintersemesters für alle neuen Studierenden ein Orientierungstag stattfinden soll, an dem sie die Infrastruktur der Universität kennenlernen, Kontakte knüpfen und alle Informationen zum Ablauf des ersten Semesters erhalten sollen. Die Party wäre dann Teil der Maßnahmen, die dem Kennenlernen dienen, und ihre Planung würde in der fünften Phase des übergeordneten Problemlösungsprozesses erfolgen.

Im Systems Engineering wird der Problemlösungszyklus auch als Mikro-Logik bezeichnet und in eine Makro-Logik eingeordnet, die sich am Lebenszyklus von Systemen orientiert (vgl. Haberfellner et al. 2012, 65 ff.). Die Makro-Logik folgt der Einsicht, dass es vor allem bei sehr großen Vorhaben sinnvoll ist, vom Groben zum Detail vorzugehen (vgl. ebd. 58 ff.), also Problemlösungen phasenweise in zunehmenden Konkretisierungsschritten zu erarbeiten.

Auch die Makro-Logik beginnt mit einem Anlass zur Durchführung eines Vorhabens (Abb. 9). Zunächst wird jedoch im Rahmen einer Vorstudie prinzipiell geklärt, ob eine Lösung des Problems überhaupt möglich ist. Lässt sich dies bestätigen, wird in der anschließenden Hauptstudie ein Gesamtkonzept erarbeitet, das in einer weiteren Phase geteilt wird, um im Rahmen von Detailstudien Teillösungen zu erarbeiten. Darauf folgen die Phasen der Realisierung und die der Einführung. Welche und wie viele Phasen genau durchlaufen werden, hängt vom Umfang des jeweiligen Vorhabens ab. Insofern sind die hier genannten Phasen nur als Beispiele zu verstehen.

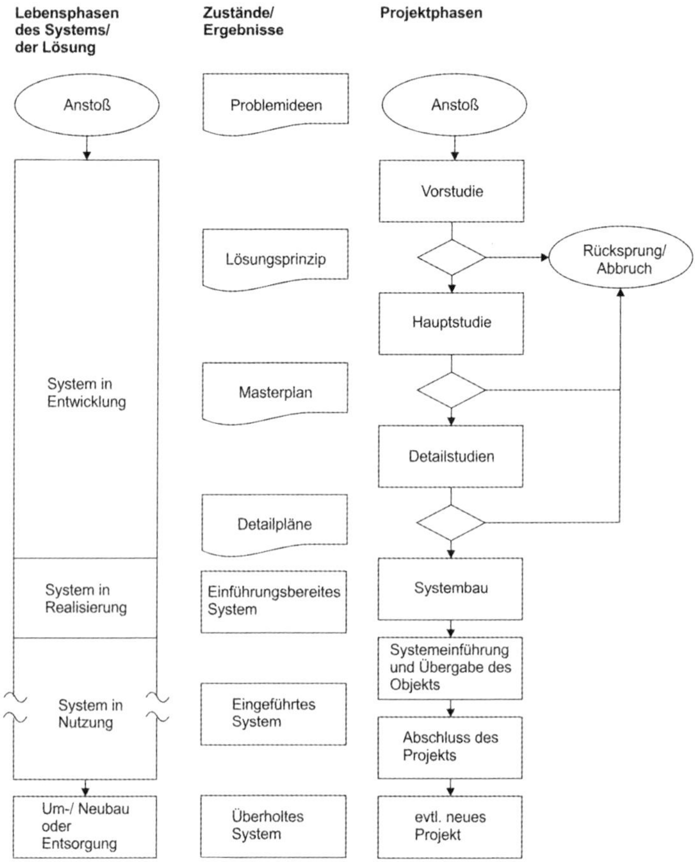

Abb. 9: Makro-Logik des Projektmanagements (vgl. Haberfellner et al. 2012)

Der Problemlösungszyklus wird in jeder Phase der Makro-Logik durchlaufen (vgl. Haberfellner et al. 2012, 73 f.). Insofern stehen beide Logiken zueinander in einem Zusammenhang. Wissenschaftliche Abschlussarbeiten werden sich allerdings in der Regel nicht über mehrere Phasen der Makro-Logik erstrecken. Daher spielt die Makro-Logik für die Gliederung keine Rolle. Allerdings ist zu klären, ob die Abschlussarbeit Teil eines übergeordneten Vorhabens ist. Wenn das so sein sollte, wird es hilfreich sein, die Arbeit in dieses Vorhaben einzuordnen, also zu erläutern, ob sie z. B. im Rahmen einer Vorstudie lediglich Beiträge zur Entwicklung prinzipieller Lösungsmöglichkeiten leisten, im Zuge einer Detailstudie konkrete Konzepte entwickeln oder in einer Realisierungsphase funktionsfähige Lösungen liefern soll. Dies soll hier jedoch nicht weiter vertieft werden, weil für die Gliederung wissenschaftlicher Abschlussarbeiten lediglich der Problemlösungszyklus als Mikro-Logik relevant ist.

4.2 Kritische Reflexion und Einordnung der Grundlagen

Die hier herangezogenen Erkenntnisse des Systems Engineering haben bisher vor allem das Projektmanagement stark beeinflusst (vgl. Haberfellner et al. 2012, 165 ff.). Das macht die Anwendung auf die Gliederung wissenschaftlicher Abschlussarbeiten besonders interessant, denn in Abschnitt 2.3 wurde bereits ausführlich dargelegt, dass es sich bei der Anfertigung solcher Arbeiten tatsächlich um Projekte handelt.

Damit eröffnet sich die Möglichkeit, auf alle Erkenntnisse, insbesondere auf Methoden, Verfahren und Werkzeuge zurückzugreifen, die das moderne Projektmanagement bietet (vgl. z. B. Böhm 2005). Wissenschaftliche Abschlussarbeiten stellen sich nicht mehr als etwas Spezifisches dar, was eigenen Regeln folgt, sondern als eine ganz normale und sehr zeitgemäße Form, Aufgaben zu erledigen. Und diese

Form, Aufgaben zu erledigen, ist sehr kompatibel mit der Praxis in Wirtschaft und Verwaltung. Das kommt der heute weitverbreiteten Forderung nach einer guten Anschlussfähigkeit und Verwertbarkeit von Forschungsarbeiten sehr entgegen.

Die Möglichkeit, wissenschaftliche Abschlussarbeiten auf der Basis des Problemlösungszyklus zu gliedern, wurde zunächst als Hypothese formuliert. Deren Überprüfung erfolgte bisher lediglich an praktischen Beispielen, die keine wissenschaftliche Vorgehensweise erfordern. Ihr Vorteil liegt eher darin, dass sie die Verbindung zu den Ursprüngen des Vorgehensmodells herstellen. Diese Ursprünge liegen, wie oben schon erwähnt wurde, in der Beobachtung des Menschen bei der erfolgreichen Erledigung einmaliger Aufgaben. Noch tiefer gehend hat Dewey (1997) untersucht, wie Menschen denken. Vor diesem Hintergrund lässt sich feststellen, dass es sich beim Problemlösungszyklus nicht um eine Erfindung des Menschen handelt, sondern um eine Entdeckung. Insofern kann man im weitesten Sinne annehmen, dass es sich bei der gefundenen Vorgehensweise um eine Art Naturgesetz handelt.

Um eine Hypothese zu verifizieren, ist sie mit der Realität zu konfrontieren (vgl. Kornmeier 2007, 42). In diesem Fall ist die wissenschaftliche Realität relevant. Das bedeutet konkret, dass zu prüfen ist, ob der Problemlösungszyklus als zeitgemäße Form zur Bearbeitung einmaliger Aufgaben mit dem klassischen Vorgehensmodell kompatibel ist, das in Abschnitt 2.2 erläutert wurde.

Eine Gegenüberstellung der beiden Modelle zeigt die großen Gemeinsamkeiten (Abb. 10). Zwar fehlen dem Problemlösungszyklus die groben Phasen des Entdeckungs-, Begründungs- und Verwertungszusammenhangs, doch das sind genau die Begriffe, die heute nur schwer zu vermitteln und im Übrigen auch nicht zwingend erforderlich sind.

Hinzu kommt, dass der Verwertungszusammenhang für die Inhalte der Abschlussarbeit ohnehin nicht relevant ist. Im Übrigen finden sich alle Phasen der klassischen Vorgehensweise im Problemlösungszyklus wieder.

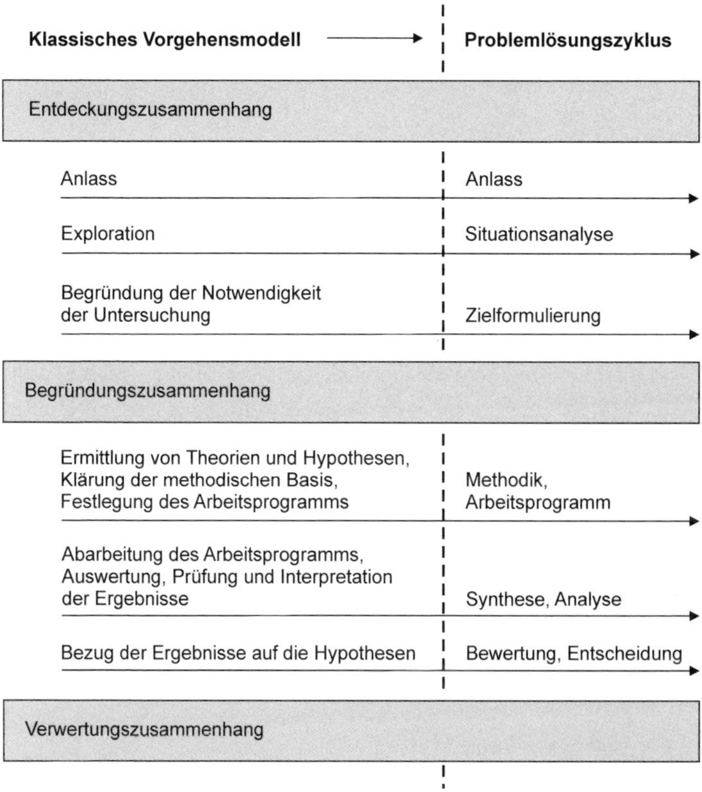

Abb. 10: Vergleich des klassischen Vorgehensmodells mit dem Problemlösungszyklus

Ein Vergleich des klassischen Vorgehensmodells mit anderen Vorgehensmodellen, der anhand der von Haberfellner et al. (2012, 86 ff.) und Böhm (2005, 1 ff.) im Detail vorgestellten und analysierten Vorgehensmodelle leicht nachvollzogen werden kann und daher hier nicht im Einzelnen vorgenommen werden soll, zeigt außerdem, dass keines der alternativen Vorgehensmodelle mit dem klassischen Modell kompatibler ist als der Problemlösungszyklus in der hier vorgenommenen Modifizierung.

Hinzu kommt, dass der Problemlösungszyklus mit Ergebnissen der Kreativitätsforschung weitgehend kompatibel ist. So beschreibt Facaoaru den Ablauf eines Erfindungsaktes als Phasenmodell (vgl. Heller/Facaoaru 1987, 53, zitiert nach Heller 1992, 140), nach dem eine Erfindung mit der Wahrnehmung eines Problems beginnt (Anlass), mit der Informationssammlung fortgesetzt wird (Situationsanalyse), der die eigentliche Gewinnung von Ideen folgt (Synthese, Analyse), um die Ideen schließlich einer Überprüfung zu unterziehen (Bewertung, Entscheidung). Lediglich die Phase der Zielformulierung wird bei der Darstellung eines Erfindungsaktes vernachlässigt.

Zugleich ist auch die weitgehende Kompatibilität des Erfindungsaktes mit dem klassischen Vorgehensmodell gegeben. Das wird noch einmal dadurch unterstrichen, dass sich der Erfindungsakt nach der Überprüfung mit der Ideenausarbeitung, -kommunikation und -realisierung fortsetzt, was dem Verwertungszusammenhang entspricht.

4.3 Arbeitsprogramm

Das weitere Arbeitsprogramm, das sich aus diesen methodischen Vorüberlegungen ergibt, sieht nun wie folgt aus:

- Die Phasen des Problemlösungszyklus sind im Hinblick auf eine Anwendung zur Anfertigung und Gliederung wissenschaftlicher

Abschlussarbeiten detailliert zu beschreiben. Dabei sollen, soweit dies dem Verständnis dient, auch Methoden einbezogen werden, die eine inhaltliche Ausgestaltung der einzelnen Phasen besonders gut unterstützen. Weitere Methoden finden sich z. B. bei Haberfellner et al. (2012) und bei Böhm (2005).

- Im Anschluss daran wird das Gliederungskonzept auf der Grundlage der in Kapitel 3 formulierten Ziele bewertet. Als Vergleichsmaßstab dient dabei zum einen das triviale Gliederungskonzept, das in den Ratgebern zur Anfertigung wissenschaftlicher Abschlussarbeiten vorgeschlagen wird, und zum anderen das klassische Gliederungskonzept, das auf der Einteilung der groben Phasen in den Entdeckungs-, Begründungs- und Verwertungszusammenhang basiert.

5 Entwicklung des Gliederungskonzepts

Grundlage der nachfolgenden Überlegungen ist der in Abb. 4 dargestellte Problemlösungszyklus. Nachdem dieses Vorgehensmodell im vorausgegangenen Kapitel zunächst allgemein erläutert wurde, soll es im Folgenden konkret zur Gliederung wissenschaftlicher Abschlussarbeiten verwendet werden.

5.1 Anlass

Folgt man Karl Popper, so beginnt jede Erkenntnis mit Problemen: „Kein Wissen ohne Probleme – aber auch kein Problem ohne Wissen" (1987, 80). Jedes Problem, so heißt es weiter, entsteht durch die Entdeckung, dass „etwas in unserem vermeintlichen Wissen nicht in Ordnung ist, oder logisch betrachtet, in der Entdeckung eines inneren Widerspruches in unserem vermeintlichen Wissen, oder eines Widerspruches zwischen unserem vermeintlichen Wissen und den Tatsachen" (ebd.). Da die Gliederung wissenschaftlicher Abschlussarbeiten dem Problemlösungszyklus folgen und damit den Prozess des Werdens nachzeichnen soll, beginnt die Arbeit also einleitend mit der Benennung und Erläuterung des Problems.

Im Allgemeinen läuft die Phase, die Anlass zu einem Forschungsvorhaben gibt, relativ unstrukturiert ab, und so ist es zuweilen schwierig, den genauen Zeitpunkt auszumachen, an dem ein Anlass in den konkreten Entschluss mündet, die wissenschaftliche Arbeit aufzunehmen. Bei Abschlussarbeiten relativiert sich dieses Problem allerdings, weil Themen im Hinblick darauf gezielt gesucht werden und bis zu einem definierten Termin feststehen müssen.

Allerdings sollte die Notwendigkeit, ein Studium mit einer Abschlussarbeit zu beenden, selbst nicht als Anlass herangezogen werden, denn dann würde die Arbeit zum Selbstzweck. Wichtig ist vielmehr, dass mit der Arbeit stets eine spezifische Botschaft verbunden wird, von welcher der Prüfling seine Zielgruppe zu überzeugen beabsichtigt. Darauf muss er sich voll und ganz einlassen, denn nur wer von etwas selbst überzeugt ist, wird andere überzeugen.

Diese Motivation, die mit dem Vorhaben verbunden ist, das Problem zu lösen, muss in der Einleitung deutlich herausgestellt werden. Deutlich werden heißt in diesem Zusammenhang, dass das Problem bisher geradezu verborgen war, denn andernfalls hätte sich vermutlich schon mal jemand damit beschäftigt. Und aus der Verborgenheit ist es zunächst undeutlich, dann immer deutlicher hervorgetreten, bis schließlich zumindest insoweit Klarheit herrschte, dass sich nun endlich jemand damit beschäftigen wird. Diesen Entdeckungsprozess nachzuvollziehen ist eine spannende Geschichte, die erzählt werden sollte. Sie ist der Grund dafür, warum an dieser Stelle auch vom Entdeckungszusammenhang (vgl. Reichenbach 1938) gesprochen wird.

5.1.1 Unterschiedliche Ansätze

Im Einzelnen kann der Anlass von der zugrunde gelegten Art des wissenschaftlichen Argumentierens und Schließens abhängen. Die Grundlagen dazu wurden bereits in Kapitel 3 erläutert. Daher sollen sich die nachfolgenden Ausführungen darauf beschränken, die Auswirkungen auf die Inhalte der Einleitung zu erläutern.

Relativ einfach ist die Darlegung der Motivation zur Anfertigung der Abschlussarbeit für den Fall, dass ein induktiver Ansatz gewählt wird. Immerhin ist es mit Hans Reichenbach (1938) ein Empirist, der im

Zusammenhang mit dem in Abschnitt 2.2 erläuterten und hier zugrunde gelegten wissenschaftstheoretischen Gliederungsansatz zitiert wird.

Ausgangspunkt einer wissenschaftlichen Abschlussarbeit ist in diesem Fall die Wahrnehmung eines konkreten Problems. Das praxisbezogene Ziel wird im Allgemeinen darin bestehen, dieses Problem zu lösen. In dem Maße, in dem dies auf akademische Weise geschehen soll, wird man sich allerdings nicht mit einer rein pragmatischen Lösung begnügen. Das würde viele Risiken mit sich bringen: statt die Ursachen zu beseitigen, würde man möglicherweise nur die Symptome (Wirkungen) lindern; statt eine Lösung für alle Probleme dieser Art zu finden, würde man möglicherweise nur das eine Problem lösen und jedes weitere Problem erneut angehen müssen; statt die Wirkungszusammenhänge zu erkennen und das Problem gezielt behandeln zu können, würde man eine Lösung möglicherweise nur durch herumprobieren (trial and error) finden. Das wäre auch und gerade aus praktischer Sicht unbefriedigend, insbesondere unwirtschaftlich. Daher wird man auf wissenschaftlich fundierte Weise eine allgemeingültige Lösung anstreben, denn die u. a. auf Kurt Lewin zurückgeführte Einsicht, dass nichts praktischer ist als eine gute Theorie, ist eine wesentliche Begründung dafür, warum Akademiker überhaupt außerhalb der scientific community Nutzen stiften können.

Im betriebswirtschaftlichen oder im ingenieurwissenschaftlichen Bereich kann z. B. ein Defizit im Betriebsablauf eines Unternehmens oder im Arbeitsprozess einer Maschine Anlass zur Anfertigung einer wissenschaftlichen Abschlussarbeit geben. In einer sozialwissenschaftlichen Arbeit kann z. B. die Identifizierung eines sozialen Brennpunkts oder die Wahrnehmung einer Veränderung der Jugendkultur als Ausgangspunkt einer wissenschaftlichen Untersuchung herangezogen werden. Aber nicht nur Probleme, auch Chancen wie z. B. diejenigen, die sich aus der zufälligen Entdeckung der Kohlenstoffnanoröhren ergeben (vgl. Lijima 1991, 56), können Anlass zur Anfertigung einer diesbezüglichen Abschlussarbeit sein.

Besonders häufig dürften induktive Ansätze bei Bachelorarbeiten gewählt werden, da mit ihnen gemäß Abb. 3 vorrangig die Intention verbunden ist, neue Probleme mit bekannten Methoden zu lösen. Das Ziel einer wissenschaftlichen Abschlussarbeit muss sich jedoch nicht darauf beschränken, ein praktisches Problem zu lösen. Interessant ist auch, ob und ggf. in welchem Maße damit ein verallgemeinerbarer Erkenntnisfortschritt verbunden ist. Solche theoretischen Beiträge werden vor allem von Master- und Doktorarbeiten erwartet.

Wenn man, wie das hier der Fall ist, eine empiristische Art des Argumentierens und Schließens wählt, führt der Versuch, über die Lösung eines konkreten Problems hinaus verallgemeinerbare Einsichten zu gewinnen, allerdings auf das in der Wissenschaftstheorie bis heute kontrovers diskutierte Induktionsproblem (vgl. z. B. Schurz 2006, 47 ff.; Keuth 2011, 3 ff.). Der englische Philosoph David Hume[11] hat schon im 18. Jahrhundert darauf hingewiesen, dass sich selbst aus der Beobachtung einer großen Zahl von Einzelfällen keine allgemeingültige Gesetzmäßigkeit ableiten lässt. Zuletzt hat sich u. a. Karl Popper (vgl. 1976) dieser Auffassung angeschlossen.

Als erklärendes Beispiel wird häufig die Beobachtung der Farbe von Schwänen herangezogen. Danach lässt sich aus der Feststellung, dass eine große Zahl von Schwänen weiß ist, nicht verallgemeinern, dass alle Schwäne weiß sind (vgl. Keuth 2011, 5 ff.). Bereits die Entdeckung eines einzigen schwarzen Schwans würde diese Gesetzmäßigkeit widerlegen. Allerdings gibt es mindestens zwei Argumente, die zumindest im Entdeckungszusammenhang einen induktiven Ansatz rechtfertigen.

[11] Vgl. 1986, 4. Abschn., 2. Teil, 6. Abschn.

Das erste Argument verweist auf den Rationalismus und damit auf die Gegenposition zum Empirismus. Die mit dieser Gegenposition verbundene Methode der Deduktion geht von der Idee, von einer Hypothese aus, die zunächst die Allgemeingültigkeit einer Aussage unterstellt und diese anschließend anhand von Einzelfällen zu belegen versucht. Woher die Idee stammt und wie sie begründet wird, darauf kommt es bei diesem Ansatz gar nicht an (vgl. Schurz 2008, 21). Insofern kann sie auch durch Induktion, also durch die Beobachtung von Einzelfällen und durch deren Verallgemeinerung zustande kommen. Erst im Begründungszusammenhang kommen die Unterschiede zwischen den beiden Arten des Argumentierens und Schließens zum Tragen.

Während sich das erste Argument also auf den Entdeckungszusammenhang beschränkt, bezieht sich das zweite Argument auch auf den Begründungszusammenhang. So erklärt Schurz (2008, 48) unter Bezugnahme auf Reichenbach (1949, § 91), Induktion sei das Beste, was zur Verfügung stehe, wenn das Erkenntnisziel, wahre Aussagen zu machen und Prognosen zu erstellen, überhaupt erreichbar sein solle. Zwar ließe sich nicht beweisen, dass dies immer oder auch nur mit hinreichender Häufigkeit erfolgreich sei, aber es gäbe dazu schlicht gar keine Alternative.

Dieser kurze Einblick in die kontroverse Diskussion wissenschaftlicher Arten des Argumentierens und Schließens zeigt, dass die Herausarbeitung einer eigenen Position hier viel zu weit und am eigentlichen Ziel vorbei führen würde. Dies gilt umso mehr, als auch gegen die deduktive Art des Argumentierens und Schließens Einwände vorgetragen werden (vgl. Carrier 2006, 44). Insofern bleibt an dieser Stelle nur festzuhalten, dass zumindest in der Einleitung eine induktive Herleitung des Themas keine prinzipiellen Einwände hervorrufen dürfte. Ob und inwieweit die induktive Methode im Begründungszusammenhang aufrechterhalten werden soll und wie dies ggf. begründet wird, sei dem Autor der Abschlussarbeit überlassen.

Nicht nur ein induktiver, auch ein deduktiver Ansatz lässt sich mit dem hier entwickelten Gliederungskonzept sehr gut in Einklang bringen. Danach bildet eine Hypothese, also eine noch zu belegende Aussage über eine Gesetzmäßigkeit, einen allgemeingültigen Zusammenhang (vgl. Kornmeier 2007, 75), den Ausgangspunkt einer wissenschaftlichen Arbeit (vgl. Carrier 2006, 36). Popper (vgl. 1989, 61 f.) erklärt dazu, jede Quelle, jede Anregung sei willkommen. Beispielsweise sei die Tradition die bei Weitem wichtigste Quelle des Wissens. Auch intellektuelle Intuition und intellektuelle Einbildungskraft seien von größter Bedeutung. Erkenntnis könne sogar aus dem Nichts geboren werden. Letzteres sei allerdings eher die Ausnahme, da der Fortschritt des Wissens in der Regel durch die Modifikation und Korrektur bereits vorhandenen Wissens zustande komme.

Im Entdeckungszusammenhang kommt es den Rationalisten also nicht auf eine bereits vorliegende Begründung oder Erklärung des Ansatzes an, sondern vor allem auf die Zweckmäßigkeit und Originalität der Idee. Ob und ggf. inwieweit sich die Idee in der Praxis bewährt, wird erst im Begründungszusammenhang geklärt.

Für den Inhalt der Einleitung einer wissenschaftlichen Abschlussarbeit bedeutet dies, dass vor allem die Hypothese einzuführen ist. Sie bildet den Anlass für die weiterführenden Untersuchungen. Angaben zur Herkunft der Hypothese sind dagegen fakultativ. Allerdings sollte erläutert werden, welcher Zweck mit der Aufstellung der Hypothese verfolgt wird und worin ihre Originalität besteht. Immerhin gilt auch in diesem Fall die von Karl Popper formulierte Aussage, dass jede wissenschaftliche Arbeit mit einem Problem beginnt (1987, 80). Insofern sollte deutlich werden, welches Problem mithilfe der Hypothese gelöst werden soll und dass dieses Problem auf die angestrebte Weise nicht schon einmal gelöst wurde.

In Abwandlung eines Beispiels von Bortz und Döring (2005, 20 ff.) würde ein deduktiver Ansatz z. B. von der Allgemeingültigkeit der sogenannten Arousal-Theorie (vgl. Eysenck 1982) ausgehen, die besagt, dass es im menschlichen Gehirn ein optimales Niveau der zentralnervösen Erregung gibt, das als angenehm empfunden wird. Auf dieser Grundlage soll im Folgenden in dem speziellen Anwendungsgebiet der Musikwissenschaft erklärt werden, warum sich unter den beliebtesten Popmusikstücken häufig Stücke befinden, für die besondere Harmonien wie z. B. Wechsel von Tonika, Subdominante und Dominante mit wiederholtem Austausch der parallelen Dur- und Molltonarten besonders charakteristisch sind. Da die besondere Harmoniestruktur beliebter Popmusikstücke weder langweilig ist, wie dies z. B. bei einem häufigen Wechsel von Tonika und Dominante der Fall wäre, und da sie auch nicht fremdartig ist, was z. B. bei einem häufigen Vorkommen verminderter Sext- oder Nonenakkorde empfunden werden könnte, ist ein mittleres Erregungspotenzial als Bedingung offensichtlich gegeben (vgl. Bortz, Döring 2005, 20). Insofern scheinen die konkreten Untersuchungsgegenstände die Allgemeingültigkeit der zugrunde gelegten Theorie zu bestätigen, und die Theorie scheint einen Beitrag zur Erklärung der konkreten Phänomene zu leisten.

Als dritte Art wissenschaftlichen Argumentierens und Schließens wurde in Kapitel 3 die Hermeneutik genannt. In Bezug auf die Einleitung einer Abschlussarbeit bringt dieser Ansatz im Vergleich zu den linearen/logischen Vorgehensweisen der Induktion und Deduktion jedoch keine wesentlichen Unterschiede mit sich. So kann der Anlass zu einer hermeneutischen Interpretation eines Textes beispielsweise induktiv mit der gerade erfolgten Publikation des Textes, mit der Häufigkeit seiner Rezeption oder mit seiner Rezeption in einem bestimmten Zusammenhang in Verbindung stehen. Deduktiv kann der Anlass mit einer Hypothese verbunden sein, zu deren Überprüfung die Interpretation des Textes einen Beitrag leisten soll.

Etwas anders verhält es sich bei einem dialektischen Ansatz. Dabei kommt es darauf an, ob bereits zu Beginn sowohl die These als auch die Antithese bekannt sind. Das kann z. B. der Fall sein, wenn die Abschlussarbeit an vorausgegangene Arbeiten anknüpft. Es kommt allerdings auch vor, dass zu Beginn nur eine These formuliert wird. Die Antithese kann sich dann aus der argumentativ hergeleiteten oder zitierten Kritik an der These erst im weiteren Verlauf der Arbeit entwickeln. Im erstgenannten Fall werden einleitend beide Standpunkte eingeführt; im zweitgenannten Fall kann naturgemäß zunächst nur die These vorgestellt werden, wodurch sich ein inhaltlich ähnlicher Aufbau ergibt wie bei einem deduktiven Ansatz. Die Einführung der Antithese wird dann im Rahmen der Situationsanalyse folgen, wenn sie sich aus den bereits publizierten Äußerungen anderer Autoren ableiten lässt, oder im Verlauf der Synthese und Analyse hergeleitet, wenn sie durch eigene Überlegungen argumentativ hergeleitet wird.

5.1.2 Einordnung in Raum und Zeit

Zur Darlegung der Motivation gehört einleitend auch, die Relevanz des Themas deutlich zu machen. Da die Relevanz für verschiedene Zielgruppen unterschiedlich sein kann, gilt es in diesem Zusammenhang, die Zielgruppen zu benennen (Stakeholder-Analyse) und die Relevanz des Themas entsprechend zuzuordnen. So kann ein Thema z. B. sowohl für die Wissenschaft als auch für die Praxis von Bedeutung sein. Das muss allerdings nicht in gleicher Hinsicht der Fall sein: der Beitrag zum wissenschaftlichen Fortschritt kann ganz oder teilweise ein anderer sein als der Beitrag zum technischen oder zum gesellschaftlichen Fortschritt.

Mit der Relevanz wird oft auch die Aktualität eines Themas in Verbindung gebracht. Letztere kann z. B. aus Ereignissen resultieren, die gerade erst stattgefunden und dadurch Anlass zur Aufnahme der wissenschaftlichen Arbeit gegeben haben. Als konkretes Beispiel kann man sich den Einzug einer neuen Partei in ein Parlament vorstellen. Wenn damit, wie dies in der jüngeren Vergangenheit bei den Wahlerfolgen der Piratenpartei zu beobachten war, zugleich ein neues Konzept der politischen Arbeit verbunden ist, kann das für die Politikwissenschaft neue Fragestellungen aufwerfen.

Allerdings muss nicht jede wissenschaftliche Abschlussarbeit einen aktuellen Zeitbezug haben. So kann es z. B. bei historischen Betrachtungen sinnvoll sein, eine Untersuchung auf einen definierten Zeitraum zu begrenzen. Das kann inhaltlich begründet sein. Beispielsweise ließe sich eine wissenschaftliche Auseinandersetzung mit der Bauhaus-Architektur auf den Zeitraum von 1919 bis 1933 beschränken, weil das Staatliche Bauhaus in Weimar am 12. April 1919 aus der Vereinigung der Großherzoglich-Sächsischen Hochschule für Bildende Kunst und der 1915 aufgelösten Kunstgewerbeschule hervorging und nach zweimaligem Umzug 1933 von den Nationalsozialisten zur Selbstauflösung gezwungen wurde. Durch eine solche Begrenzung würden die bis heute beobachtbaren Nachwirkungen dieser Epoche bewusst ausgeblendet. Allerdings muss eine zeitliche Beschränkung nicht immer inhaltlich begründet werden. Gerade bei wissenschaftlichen Abschlussarbeiten kann es z. B. auch eine schlichte Frage des Aufwands sein, den Betrachtungszeitraum einzugrenzen.

Alternativ oder ergänzend zum zeitlichen Bezug kann auch ein räumlicher Bezug sinnvoll sein. Dies ist vor allem dann der Fall, wenn sich die Relevanz des Themas räumlich eingrenzen lässt. Ein konkretes Beispiel dafür ist die archäologische Erforschung der Mayakultur, die sich naturgemäß auf das Ausbreitungsgebiet des Mayavolkes beschränkt, ein anderes Beispiel die Analyse einer spezifischen Unternehmensstrategie, die auf das betrachtete Unternehmen beschränkt ist.

5.1.3 Definitionen

Die Sprache ist neben Formeln und Abbildungen ohne Zweifel eines der wichtigsten Ausdrucks- und Erkenntnismittel wissenschaftlicher Abschlussarbeiten. Insoweit ist es evident, dass eine klare, eindeutige, konsistente und zweckmäßige Verwendung von Begriffen unumgänglich ist (vgl. Kornmeier 2007, 67 ff.).

Vor diesem Hintergrund dienen Definitionen dem Zweck, Begriffe zu präzisieren, die für die Erkenntnisgewinnung und -vermittlung von zentraler Bedeutung sind und diesen Anforderungen nicht von vornherein gerecht werden. So können Begriffe umgangssprachlich anders oder mehrdeutig verwendet werden oder in verschiedenen Wissensgebieten unterschiedlich belegt sein. Ein Beispiel ist der Qualitätsbegriff, der in der Werbung als Synonym für das unendlich Gute zum Kauf von Produkten verführen soll (vgl. Geiger, Kotte 2008, 67), in der Textilindustrie als Tuchqualität zur Beschreibung der Beschaffenheit von Stoffen verwendet wird (vgl. ebd., 75), beim Schachspiel die relative Wertigkeit der verschiedenen Figuren beschreibt (vgl. ebd., 73) und im industriellen Qualitätsmanagement gemäß der internationalen Norm DIN EN ISO 9000 den Grad bestimmt, in dem ein Satz inhärenter Merkmale Anforderungen erfüllt.

Eine solche Mehrdeutigkeit von Begriffen allein ist allerdings selbst dann noch kein hinreichender Grund, Definitionen zum Gegenstand einer wissenschaftlichen Abschlussarbeit zu machen, wenn sie für das Verständnis erforderlich sind. Gewarnt werden muss vor allem vor der pauschalen Forderung von Ratgebern wie Rossig und Prätsch (2008, 85 f.) oder Theisen (vgl. 2009, 132 f.), schon in der Einleitung zentrale Begriffe zu definieren. Und vor allem muss davor gewarnt werden, Ratschlägen wie dem von Kornmeier (2012, 107 ff.) zu folgen, die gleich zu Beginn einer Abschlussarbeit eine Definition aller Begriffe fordern, die Laien unbekannt sein könnten, um auch sie in die Lage zu versetzen, die wissenschaftliche Arbeit grundsätzlich zu verstehen, denn solche Arbeiten richten sich stets nur an ein Fachpublikum, und von dem kann erwartet werden, dass es zumindest über das in Lehrbüchern dokumentierte Grundwissen verfügt (vgl. Brauer/Vollmer 2008, 18).

Ein typischer Fehler, der aus der unreflektierten Befolgung solcher pauschalen Ratschläge resultiert, besteht darin, nach einer kurzen Einführung in die Thematik erst einmal Definitionen von Begriffen aufzulisten, die mit der Thematik in Verbindung stehen. Nicht selten wird dabei auf jegliche Diskussion und damit auch auf jede Begründung verzichtet, warum die Begriffe in der gewählten Form definiert werden. Auf diese Weise entsteht dann das, was man gemeinhin als Glossar bezeichnet und eigentlich im Anhang einer Arbeit unterbringt.

Aber auch eine ausführlichere Definition von Begriffen muss nicht in jedem Fall zu besseren Ergebnissen führen. Oft werden Diskussionen schlicht aus der einschlägigen Literatur übernommen, ohne zu erklären, welchem Zweck das im Kontext der konkreten Abschlussarbeit dient. Auf diese Weise wirken die Ausführungen zuweilen lehrbuchhaft und aufgesetzt. Dieser Eindruck verstärkt sich noch, wenn die Diskussion der Begriffe im weiteren Verlauf der Arbeit gar keine Rolle mehr spielt. In solchen Fällen verkommt sie zum Selbstzweck, wirkt wie ein Fremdkörper und unterbricht den roten Faden.

Wenn eine Definition wichtiger Begriffe nur der besseren Verständlichkeit dient, wenn die Sprache also nur in ihrer Funktion als Ausdrucksmittel klarer gefasst werden soll, so reicht es vollkommen aus, im Anhang der Abschlussarbeit ein Glossar beizufügen. Eine Diskussion von Begriffen in der Arbeit selbst ist nur erforderlich, wenn die Sprache auch und vor allem als Erkenntnismittel dient.

Wenn und soweit die Sprache auch als Erkenntnismittel dient, hängt die Beantwortung der Frage, an welcher Stelle der Abschlussarbeit Begriffsdefinitionen zu diskutieren sind, davon ab, welche Erkenntnisse dadurch gewonnen werden sollen.

So mag es Arbeiten geben, die ihren Ausgangspunkt bei einem Begriff nehmen. Beispiele dafür findet man häufig in der Philosophie. Ein Klassiker ist die „Nikomachische Ethik" von Aristoteles, in der sich alles um das Gute dreht. Daher beginnt schon die Einleitung dieses Werks mit der Diskussion der Frage, was das Gute eigentlich ist: „Jede Kunst und jede Lehre, ebenso jede Handlung und jeder Entschluss scheint irgendein Gut zu erstreben. Darum hat man mit Recht das Gute als dasjenige bezeichnet, wonach alles strebt" (vgl. Gigon 1986, 55). Mit dieser Definition hat Aristoteles vor ca. 2500 Jahren nichts weniger als die Ethik als Wissenschaft begründet und eine Frage aufgeworfen, die Philosophen bis heute beschäftigt. Überzeugender lässt sich die große Bedeutung von Definitionen für das wissenschaftliche Arbeiten möglicherweise gar nicht begründen.[12]

Bei anderen Arbeiten kann die Diskussion von Begriffen die Analyse der Situation fördern, in der das Problem gelöst werden soll. Nehmen wir dazu beispielhaft an, dass eine Abschlussarbeit den Schutz der natürlichen Umwelt thematisiert. Sowohl in der Öffentlichkeit als auch in der Wissenschaft wird in diesem Zusammenhang oft der Begriff der Nachhaltigkeit verwendet (vgl. Dietzfelbinger/Thurm 2004). Eine eingehendere Auseinandersetzung mit diesem Begriff führt zu der Er-

[12] Ein zeitgenössisches Beispiel dafür, wie die Diskussion von Begriffen sinnvoll zur Erkenntnisgewinnung genutzt werden kann, stellt das Werk von Niklas Luhmann dar (1984).

kenntnis, dass sich Maßnahmen zum Umweltschutz nicht nur auf unmittelbar ökologische Aspekte beschränken können. Vielmehr müssen auch und gerade soziale Probleme gelöst werden, um Nachhaltigkeit in ökologischer Hinsicht zu fördern. Eine weitergehende Auseinandersetzung mit den sozialen Problemen, die mit den ökologischen Problemen verknüpft sind, führt zu der Einsicht, dass diese eine räumliche und eine zeitliche Dimension haben: räumlich ist die Situation in armen Ländern zu berücksichtigen, und die zeitliche Dimension wird mit dem Begriff der Generationengerechtigkeit zum Ausdruck gebracht. Eine noch tiefer gehende Auseinandersetzung mit dem Begriff der Nachhaltigkeit fördert die Erkenntnis zutage, dass die zugrunde liegenden Wertvorstellungen sowohl anthropozentrisch als auch physiozentrisch begründet sein können usw.

Aus einer solchen Auseinandersetzung mit einem zentralen Begriff resultieren für die Abschlussarbeit ganz konkrete Konsequenzen. So kann es z. B. erforderlich werden, das Problemfeld und/oder das Lösungssystem einzugrenzen (vgl. Haberfellner et al. 2012, 134 ff.). Ein Grund dafür kann durchaus pragmatischer Natur sein und aus der schlichten Notwendigkeit resultieren, den Umfang der Abschlussarbeit so zu begrenzen, dass sie in der vorgegebenen Zeit fertiggestellt werden kann. Eine andere Konsequenz könnte darin bestehen, den Fokus der Arbeit zu ändern, weil z. B. die Lösung der sozialen Probleme im Lichte der gewonnenen Erkenntnisse nun gegenüber der Lösung der unmittelbar ökologischen Probleme als vorrangig erscheinen. Insgesamt zeigt das Beispiel, dass die Auseinandersetzung mit dem Begriff der Nachhaltigkeit zu wesentlichen Erkenntnissen führen kann. Daher ist eine solche Auseinandersetzung ein wichtiger Bestandteil einer entsprechenden Abschlussarbeit.

Während das gerade skizzierte Beispiel gezeigt hat, dass und wie die Diskussion eines Begriffs die Analyse der Situation unterstützen kann, lassen sich weitere Beispiele finden, die zeigen, dass solche Diskussionen auch in den weiteren Phasen einer wissenschaftlichen Abschlussarbeit erkenntnisleitend sein können. Und immerhin erkennen auch einige der oben zitierten Ratgeber an, dass es sinnvoll sein kann, Begriffe, die erst im Laufe der Arbeit präzisiert werden müssen, jeweils an der Stelle definiert werden können, an denen sie erstmals verwendet werden (vgl. Kornmeier 2012, 107 f.; Rossig/Prätsch 2008, 85 f.).

Exemplarisch sei dies für die Phase demonstriert, in der die Methode und das Arbeitsprogramm erarbeitet werden. Nehmen wir dazu an, dass die Lösung auf der Basis eines sozionischen Ansatzes entwickelt werden soll. Dabei handelt es sich um einen relativ neuen und noch nicht sehr weitverbreiteten Ansatz, dessen Bezeichnung eine Wortschöpfung aus den Begriffen Soziologie und Informatik ist (vgl. Malsch 1998; Kron 2002; Lüde et al. 2005). Auf diese Weise soll zum Ausdruck gebracht werden, dass Programmierer informationstechnischer Systeme Erkenntnisse über das Verhalten sozialer Systeme wie z. B. das von Fischschwärmen oder von Ameisenstaaten nutzen. Diese nicht selbstverständlich erscheinende Kombination von Begriffen legt nahe, ihre Möglichkeit und Notwendigkeit zu begründen.

Zusammenfassend lässt sich festhalten, dass Definitionen nur dann Gegenstand der wissenschaftlichen Arbeit sind, wenn Sprache als Erkenntnismittel eingesetzt wird. Und in diesem Fall sind die Definitionen stets in der Phase der Arbeit vorzunehmen, in der die Erkenntnisse gewonnen werden sollen. Dient Sprache dagegen nur als Ausdrucksmittel, so gehören Begriffsdefinitionen bei Bedarf in Form eines Glossars in den Anhang.

5.1.4 Ziele, Methoden und Arbeitsprogramm

Zahlreiche Ratgeber zur Anfertigung wissenschaftlicher Abschlussarbeiten empfehlen, bereits in der Einleitung auch Ziele, Methoden und das Arbeitsprogramm zu erläutern (vgl. Brauner/Vollmer 2008, 131; Esselborn-Krumbiegel 2008, 151 f.; Franck/Stary 2009, 143 f.; Heister/Weßler-Poßberg 2007, 18 f.; Kornmeier 2012 ff., 100 ff.; Paetzel 2001, 98; Samac et al., 60 f.; Theisen 2009, 132). Das würde jedoch voraussetzen, dass die Situation, die für die Durchführung der Arbeit relevant ist, zuvor bereits hinreichend analysiert und beschrieben wurde. Die Situationsanalyse nimmt jedoch in der Regel einen so großen Raum ein, benötigt so viel Zeit und unterliegt so spezifischen Regeln, dass sie eine eigenständige Phase des Gesamtvorhabens bilden muss. Daher eignet sie sich nicht dafür, in der Einleitung aufzugehen – oder treffender ausgedrückt: unterzugehen.

In der Praxis wird in der Einleitung daher oft eine vorläufige, zumeist knappe und insofern kaum befriedigende Situationsanalyse wiedergegeben, um der daran anschließenden Zielformulierung, der Einführung der Methoden, die zur Lösung des Problems eingesetzt werden sollen, und der Angabe des daraus resultierenden Arbeitsprogramms eine Grundlage zu geben. Später wird die Situationsanalyse dann wieder aufgegriffen und so vertieft, dass sie hinreichend Aufschluss über alle zu berücksichtigenden Aspekte gibt. Die Zweiteilung der Situationsanalyse stellt jedoch eine Unterbrechung des roten Fadens dar und ist insofern nicht empfehlenswert.

Einzig der Hinweis darauf, dass die Struktur der Arbeit (Gliederung) chronologisch deren Entstehungsprozess dokumentiert und daher wie dieser auf dem Problemlösungszyklus des Systems Engineering basiert, kann bereits in der Einleitung sinnvoll sein. Grund dafür ist, dass damit nicht die eigentliche Methode zur Lösung des Problems beschrieben wird, sondern eine Meta-Methode mit universeller Geltung: Schließlich wird jedes Problem nach dieser Vorgehensweise bearbeitet. Aufgrund dieser universellen Geltung ist es allerdings nicht erforderlich, das Vorgehensmodell im Detail zu erläutern. Ein Verweis auf die entsprechende Literatur genügt, denn das „in den Lehrbüchern enthaltene Grundwissen zu kennen, stellt eine Voraussetzung dar, die gleichermaßen für Autoren und interessierte Leser wissenschaftlicher Texte gilt“ (Brauer/Vollmer 2008, 18).

5.2 Situationsanalyse

Nachdem die Motivation nun klar und hoffentlich auch auf den Leser übergesprungen ist, wird das Problem im Folgenden eingehender untersucht. Immerhin kann das dadurch, dass die Aufgabenstellung und die damit verbundenen Bedingungen bei Projekten im Allgemeinen (vgl. DIN 69901) und bei wissenschaftlichen Abschlussarbeiten im Besonderen definitionsgemäß einmalig sind, zu diesem frühen Zeitpunkt noch nicht hinreichend detailliert untersucht sein.

Das erfolgt nun in der Situationsanalyse, die synonym z. B. auch als Diagnose (Medizin) oder Lagebeurteilung (Militär) bezeichnet werden kann. Es gilt, ein vertieftes Verständnis über die Aufgabenstellung, die Ausgangssituation, den Stand von Wissenschaft und Technik, die Randbedingungen, den Untersuchungsgegenstand und den Gestaltungsspielraum zu gewinnen. Dies gilt gleichermaßen für alle Abschlussarbeiten, und zwar unabhängig davon, ob die Art des Argumentierens und Schließens induktiv, deduktiv, hermeneutisch oder dialektisch erfolgt.

Allerdings sollte die Analyse nicht quasi bei Adam und Eva beginnen. Aspekte der Situation, die bei der Zielgruppe als bekannt vorausgesetzt werden können, sollten nicht nur deshalb erläutert werden, weil das angeblich allgemein üblich ist. Die Erfahrung hat gezeigt, dass z. B. in Abschlussarbeiten, die sich mit der Lösung eines praktischen Problems in einem Unternehmen befassen, gern zunächst sehr ausführlich dieses Unternehmen vorgestellt wird. Das wird dem Unternehmen ohne Zweifel schmeicheln – mehr aber auch nicht. Zumeist berühren die in Unternehmen behandelten Probleme ohnehin geheimhaltungswürdige Aspekte, sodass sie von Dritten, die das Unternehmen nicht kennen und von einer solchen Vorstellung profitieren würden, gar nicht gelesen werden darf. Und diejenigen, die als Leserschaft übrig bleiben, also insbesondere Angehörige des Unternehmens, kennen das Unternehmen in der Regel mindestens genauso gut, möglicherweise sogar besser als der Autor einer wissenschaftlichen Abschlussarbeit. Insofern werden auch sie sich zu Recht fragen, welchen Nutzen sie aus der Lektüre einer ausführlichen Präsentation des Unternehmens noch ziehen sollen.

Der Einzige, der davon oft ausgenommen werden muss, ist der Gutachter, der als Angehöriger einer wissenschaftlichen Institution zumeist nicht dem Unternehmen angehört, in dem das Problem zu lösen ist. Doch er gehört nicht zur Zielgruppe im eigentlichen Sinne, sondern nimmt eher die Rolle eines unabhängigen Dritten ein, der beurteilen soll, ob der Prüfling in der Lage ist, Probleme mit wissenschaftlichen Methoden zu lösen und seine Arbeit zielgruppenorientiert zu dokumentieren und zu präsentieren. Sich dazu die notwendigen Kenntnisse anzueignen ist seine Aufgabe, die dank des Internets in der Regel mit zumutbarem Aufwand lösbar ist.

Bildlich gesprochen kann man diese Aussage dahin gehend verallgemeinern, dass die Situationsanalyse quasi mikroinvasiv erfolgen sollte. So wird ein guter Arzt bei der Diagnose versuchen, seinen Patienten so wenig wie möglich zu verletzen, indem er mit mikroinvasiven Instrumenten nur genau denjenigen Teil des Körpers freilegt, der den

Blick auf die Verletzung oder Erkrankung verstellt. Und ebenso wie Patient und Krankenkasse dem Arzt dafür üblicherweise dankbar sind, werden Leser wissenschaftlicher Abschlussarbeiten es zu danken wissen, wenn sie nur mit denjenigen Aspekten konfrontiert werden, die zur Lagebeurteilung unmittelbar erforderlich sind.

5.2.1 Analyse der Ziele

Mit den meisten Forschungsvorhaben sollen heute bestimmte Ziele erreicht werden. Dies gilt vor allem dann, wenn sie von Auftraggebern initiiert oder von öffentlichen Institutionen finanziell gefördert werden.

Ohne Zweifel ist mit der Formulierung von Zielen die berechtigte Erwartung verbunden, dass die Ziele verfolgt und nach Möglichkeit erreicht, vielleicht sogar übertroffen werden. Allerdings müssen Ziele zu diesem Zweck konkret benannt werden können, also eindeutig, messbar, akzeptabel, realistisch und innerhalb der vorgegebenen Zeit erreichbar sein. Um Ziele in dieser konkreten Form formulieren zu können, ist eine weitgehende Kenntnis der Ausgangssituation erforderlich. Da es sich bei Forschungsvorhaben aber nicht um Routineaufgaben, sondern um einmalige Vorhaben handelt, ist die Ausgangssituation normalerweise nicht hinreichend bekannt. Daher können Ziele, die vor einer eingehenden Analyse der Ausgangssituation formuliert werden, die genannten Anforderungen nicht erfüllen.

Daraus folgt, dass die Ziele, die zunächst den Anlass zur Aufnahme der Forschungsarbeit gegeben haben, im Rahmen der Situationsanalyse im Lichte der übrigen Erkenntnisse, die in dieser Phase gewonnen werden, ebenfalls analysiert werden müssen. Dabei geht es im Einzelnen darum, zu klären, ob sie eindeutig sind, denn auch wenn dies zunächst der Fall zu sein schien, können sich z. B. durch die Entdeckung weiterer relevanter Aspekte Mehrdeutigkeiten und Unbestimmtheiten ergeben, die im weiteren Verlauf der Arbeit beseitigt werden müssen, bevor mit der Erarbeitung einer Lösung begonnen werden kann. Das Gleiche gilt analog für die Messbarkeit, die Akzeptabilität, die Realisierbarkeit und die Erreichbarkeit innerhalb des vorgegebenen Zeitrahmens.

Würde man Forschungsvorhaben soziologisch interpretieren und systemtheoretisch erklären, müsste man vor allem dann noch einen Schritt weiter gehen, wenn Ziele von Auftraggebern vorgegeben werden. In dem Maße, in dem sich soziale Systeme von ihrer Umwelt abgrenzen und die äußeren Bedingungen, unter denen sie sich entwickeln, nach eigenen Gesetzmäßigkeiten intern rekonstruieren, würden sie insbesondere von außen vorgegebene Ziele nicht immer und in jeder Hinsicht so übernehmen, wie sie gemeint sind, sondern nur als einen Teil der Randbedingungen wahrnehmen, interpretieren, selektieren und umformulieren, sodass sie schließlich mal mehr, mal weniger verändert erscheinen (vgl. Ahrens 1998, 43 ff.).

Zwar würde eine Vertiefung derartiger Überlegungen hier zu weit führen, aber immerhin erscheint eine theoretisch weiterreichende Begründung der Notwendigkeit einer Analyse von Zielen im Rahmen der Situationsanalyse insbesondere bei vorgegebenen Zielen auf der Grundlage der maßgeblich von Luhmann (vgl. 1984, 69) geprägten Systemtheorie als gut möglich.

5.2.2 Informationsquellen

Eine weitere Frage, die der Erläuterung bedarf, ist die nach der Methode, die im Rahmen der Situationsanalyse zur Anwendung kommen soll. Eigentlich sollen Methoden ja erst in der vierten Phase thematisiert werden. Doch auch die Situationsanalyse soll natürlich methodenbasiert durchgeführt werden. Soll auch diese Methode erst in der vierten Phase, also im Nachhinein, oder hier schon oder gar nicht erläutert werden?

Fragen wie diese führen zu den Informationsquellen, die zur Erkenntnisgewinnung genutzt werden sollen. Diese hängen von der gewählten Art des wissenschaftlichen Argumentierens und Schließens ab.

Am einfachsten ist die Begründung der Notwendigkeit einer Situationsanalyse bei einem induktiven Ansatz, denn dabei nimmt die Arbeit ihren Ausgangspunkt bei der Wahrnehmung eines praktischen Problems, das nun eingehender untersucht werden muss. Als Informationsquelle dient in diesem Fall in erster Linie die Praxis, also z. B. ein beobachtbarer Geschäftsprozess in einem Unternehmen, die beobachtbare Funktionsweise einer Maschine oder das beobachtbare Verhalten einer Tierpopulation.

Doch auch bei der Wahl einer anderen Art des Argumentierens und Schließens ist eine Situationsanalyse erforderlich, so z. B. bei einem deduktiven Ansatz. Danach bildet eine Hypothese, also eine noch zu belegende Aussage über eine Gesetzmäßigkeit, einen allgemeingültigen Zusammenhang (vgl. Kornmeier 2007, 75), den Ausgangspunkt der wissenschaftlichen Arbeit (vgl. Carrier 2006, 36). Als Quelle für das Aufstellen einer Hypothese erklärt Popper jede Anregung für willkommen. Erkenntnisse können nach seiner Auffassung sogar aus dem Nichts geboren werden. Weiterhin sei die intellektuelle Intuition und Einbildungskraft von großer Bedeutung. Und auch die Tradition sei eine wichtige Quelle wissenschaftlicher Erkenntnis (1989, 61 f.). Diese sehr freie Wahl des Ausgangspunkts einer Abschlussarbeit bedeutet allerdings nicht, dass solche Arbeiten quasi im luftleeren Raum durchgeführt werden. Immerhin weist Popper auch darauf hin, dass jede Erkenntnis mit einem Problem beginnt, mit der Wahrnehmung, dass „etwas in unserem vermeintlichen Wissen nicht in Ordnung ist, oder logisch betrachtet, in der Entdeckung eines inneren Widerspruches in unserem vermeintlichen Wissen, oder eines Widerspruches zwischen unserem vermeintlichen Wissen und den Tatsachen" (1987, 80). Vor diesem Hintergrund ist es auch bei der Wahl eines deduktiven Ansatzes wichtig, das zugrunde liegende Problem einer eingehenderen Analyse zu unterziehen.

Anlass für eine hermeneutische Arbeit ist eine kulturelle Äußerung, also z. B. ein literarischer Text, ein Gesetzestext oder ein Kunstwerk. In diesem Fall gilt es, im Rahmen der Situationsanalyse den Forschungsgegenstand im Original zu untersuchen. Dazu gehört auch, das eigene Vorverständnis zu klären und den Kontext der kulturellen Äußerung zu identifizieren (zeitlich, räumlich, gesellschaftlich usw.). Weiterhin gilt es, zu recherchieren, ob sich andere Autoren mit dem Forschungsgegenstand schon befasst haben und wie sie sich dazu ggf. geäußert haben.

Bei einer dialektischen Art des Argumentierens und Schließens hängt der Inhalt der Situationsanalyse u. a. davon ab, ob mit der einleitend formulierten These zugleich auch die Antithese eingeführt wurde oder ob sich die Antithese erst im weiteren Verlauf der Arbeit aus einer Kritik an der These entwickelt. Ist Letzteres der Fall, so kann die Kritik, die zur Antithese führt, z. B. im Rahmen der Situationsanalyse aus bereits publizierten Äußerungen anderer Autoren abgeleitet werden.

Kornmeier (2007, 107) systematisiert die Quellen der Erkenntnis und die daraus resultierenden Methoden zu ihrer Erschließung anhand der in Abb. 11 wiedergegebenen Grafik. Danach finden sich Informationen zum Forschungsgegenstand entweder in der Literatur oder in der Praxis. Diese Quellen lassen sich einerseits in ihrer ursprünglichen Form auswerten. In diesem Fall spricht man von Primärforschung.

		Herkunft der Informationen	
		Literatur	Empirie
Art der Informations-beschaffung	Primärforschung	Meta-Analyse	Feldforschung
	Sekundärforschung	Literaturrecherche	Schreibtischforschung

Abb. 11: Informationsquellen (vgl. Kornmeier 2007)

Alternativ können Daten oder Ergebnisse ausgewertet werden, die zuvor bereits von anderen Wissenschaftlern ausgewertet wurden. Das bezeichnet man als Sekundärforschung. Aus der Kombination dieser vier Optionen ergeben sich vier Methoden: die (1) Literaturrecherche, die (2) Schreibtischforschung, die (3) Feldforschung und die (4) Meta-Analyse.

(1) Bei der Literaturrecherche werden Aussagen anderer Autoren zum eigenen Thema gesammelt, geordnet, dokumentiert und kritisch reflektiert. Darauf wird die eigene Argumentation aufgebaut, um zu neuen Erkenntnissen zu gelangen (vgl. Kornmeier 2007, 109).

(2) Im Rahmen der Schreibtischforschung als Methode der empirischen Sekundärforschung wird zwar auch auf fremde Quellen zurückgegriffen, doch statt Ergebnisse der Arbeiten anderer Wissenschaftler heranzuziehen, werden fremde Ausgangsdaten verwendet. Als mögliche Quellen nennt Kornmeier (2007, 153 f.) z. B. öffentliche Einrichtungen wie das Statistische Bundesamt in Wiesbaden, wissenschaftliche Einrichtungen wie das Zentralarchiv für empirische Sozialforschung in Köln oder Wirtschaftsdatenbanken wie Genios in München.

(3) Die Feldforschung erhebt im Sinne einer empirischen Primärforschung die Daten, die ausgewertet werden sollen, selbst (vgl. ebd.,

158 ff.). Als Methoden kommen dabei z. B. die Beobachtung, die Befragung in schriftlicher oder mündlicher Form (Fragebogen, Interview) und auch das Experiment zum Einsatz (vgl. auch Böhm 2005, 31 ff.).

Darüber hinaus kann im Rahmen einer hermeneutischen Arbeit auch die Kenntnisnahme einer kulturellen Äußerung wie z. B. das Lesen eines Textes oder die Betrachtung eines Gemäldes als Feldforschung interpretiert werden, denn auch dabei geht es darum, den Forschungsgegenstand im Original zu untersuchen. Dazu gehört auch, das eigene Vorverständnis zu klären und den Kontext der kulturellen Äußerung zu identifizieren (zeitlich, räumlich, gesellschaftlich usw.).

(4) Schließlich wird die Meta-Analyse in Abb. 11 zwar formal als Methode der Primärforschung eingeordnet, doch da sie auf bereits vorliegende Analysen zurückgreift, kann sie insoweit auch als Methode der Sekundärforschung verstanden werden (vgl. Kornmeier 2007, 137 ff.). Dabei geht es beispielsweise darum, die Art der Forschung in einem bestimmten Wissensgebiet zu evaluieren (research review), also z. B. zu klären, ob und ggf. inwieweit Erkenntnisse theoretisch fundiert sind. Als Beispiel nennt Kornmeier die Autoren Aulakh und Kotabe (1993, 5 ff.), die zum internationalen Marketing 720 Publikationen auswerteten, die in den Jahren 1980 bis 1990 in verschiedenen Fachzeitschriften erschienen sind, um zu dem Ergebnis zu gelangen, dass „sich nur 2,4 % der Veröffentlichungen theoretisch und/oder empirisch mit dem theoretischen Konstrukt ‚Kultur' auseinandersetzten" (Kornmeier 2007, 138). Eine andere Art der Meta-Analyse beschäftigt sich mit den Ergebnissen der Forschung (literature review), ohne diese systematisch zu bewerten. Ein Beispiel dafür ist die Literaturübersicht, die Uwe Bracht mit wechselnden Koautoren von 1979 bis 2005 jährlich zum Thema Fabrikplanung veröffentlicht hat (vgl. als Beispiel Bracht et al. 1979).

Alle vier Methoden haben ihre Berechtigung. Dem liegt die weitverbreitete Einsicht zugrunde, dass es eine einzige, universelle Methode, die zur Lösung aller Probleme eingesetzt werden kann, nicht gibt. Stattdessen sind viele Methoden erforderlich, um Probleme unterschiedlichster Art zu lösen, wobei zur Lösung eines konkreten Problems oft auch mehrere Methoden herangezogen werden können, jedoch mit unterschiedlichen Erfolgsaussichten.

Eine Durchsicht von Ratgebern zur Anfertigung wissenschaftlicher Abschlussarbeiten erweckt allerdings den Eindruck, dass für die wissenschaftliche Arbeit nur eine Methode infrage kommt: die Literaturrecherche. So beschäftigt sich z. B. Theisen (2009, 39 ff.) auf fast 50 Seiten mit der Auswertung von Literaturquellen und erläutert auf weiteren 20 Seiten, wie man Literatur korrekt zitiert (vgl. ebd., 139 ff.), während die Primärforschung auf gerade einmal zwei Seiten Erwähnung findet (vgl. ebd., 88 f.). Ähnlich sieht es bei Karmasin und Ribing (2010, 79 ff.) aus: auf 28 Seiten wird das korrekte Zitieren erklärt, eine Seite widmet sich dem Umgang mit eigenen Quellen (vgl. ebd., 147 f.). Bei Esselwang-Krumbiegel (2008, 73 ff.) geht es auf 22 Seiten um das Recherchieren und Exzerpieren, während die Existenz empirischer Quellen nur beiläufig erwähnt wird (vgl. ebd., 105, 109). Bei Paetzel (2001, 27 ff.) finden sich 30 Seiten zur Literaturauswertung und weitere 10 Seiten zur korrekten Zitierweise, Hinweise auf weitere Methoden sucht man vergeblich. Samac et al. (2009, 29 ff.) erläutern das Literaturstudium auf 14 Seiten und die Zitation auf weiteren 16 Seiten (vgl. ebd., 92 ff.). Empirische Quellen werden nur sporadisch erwähnt (vgl. ebd., 51, 92). Franck (2009, 33 ff.) beschreibt die Literaturarbeit auf 80 Seiten, das korrekte Zitieren auf weiteren 16 Seiten, Weiteres zu wissenschaftlichen Methoden sucht man vergeblich. Ein ähnliches Bild ergibt sich bei Bänsch (2008, 3 ff.), und auch bei Brauner und Vollmer findet man keine Hinweise auf andere wissenschaftliche Methoden, obwohl sich der entsprechenden Überschrift zufolge ein ganzer Abschnitt diesem Thema widmen soll (2008, 90 ff.).

Immerhin geben zumindest einige, allerdings vergleichsweise wenige der hier untersuchten Ratgeber einen mehr oder weniger umfassenden Überblick über das gesamte Repertoire wissenschaftlicher Methoden zur Auswertung von Informationsquellen. Dazu gehören z. B. der oben schon zitierte Kornmeier (2007, 107 ff.), Rossig und Prätsch (2010, 68 ff.), Balzert et al. (2010, 55 ff.) sowie Heister und Weßler-Poßberg (2007, 79 ff.).

Über die Gründe für die Dominanz der Literaturarbeit kann nur spekuliert werden: möglicherweise ist der zuweilen begrenzte Zugang der Wissenschaft zur Praxis und damit zu einer wichtigen Quelle von Rohdaten eine Ursache dafür. Und auch die begrenzte Zeit, die für Abschlussarbeiten üblicherweise zur Verfügung steht, kann ein Grund sein, denn Primärforschung erfordert zumeist einen signifikant höheren Aufwand als Sekundärforschung. Doch die Zahl von Studiengängen, die in ähnlicher Form dual angelegt sind wie die gewerbliche Ausbildung, bei der die Studierenden also bis zur Hälfte ihres Studiums in einem Unternehmen absolvieren, nimmt kontinuierlich zu. Ganze Hochschulen wie z. B. die Duale Hochschule Baden-Württemberg setzen inzwischen auf dieses Konzept. In solchen Studiengängen ist es eher die Regel als die Ausnahme, dass sich wissenschaftliche Abschlussarbeiten mit konkreten Themen der Ausbildungsbetriebe beschäftigen. Und auch in den klassischen Studiengängen wird der Praxisbezug seit Jahren verstärkt. Das aber erfordert den Einsatz von Methoden der Primärforschung, insbesondere die Feldforschung. Daher ist es dringend geboten, die ganze Bandbreite der dazu erforderlichen Methoden zu vermitteln.

Darüber hinaus erscheint es nicht nur im Lehrbetrieb, sondern auch in der Forschung dringend geboten, der Primärforschung wieder stärkeres Gewicht zu geben. Auch hier entsteht zuweilen der Eindruck, dass die Literaturarbeit in immer mehr Bereichen dominiert. Über die Gründe dafür lässt sich wiederum nur spekulieren: die erfolgsabhängige Bezahlung von Professoren, die u. a. an der schlichten Anzahl an Publikationen gemessen wird, und der zunehmende Zeit- und Kostendruck, unter dem Forschungsvorhaben stehen, könnten Ursachen sein.

Welche Folgen die Dominanz der Literaturarbeit für die Praxis haben kann, zeigt ein Beispiel, das sowohl der Betriebswirtschaftslehre als auch dem Ingenieurwesen zugerechnet werden kann. 1990 publizierten James P. Womack et al. Forschungsergebnisse, die im Rahmen des International Motor Vehicle Program am Massachusetts Institute of Technology (MIT) in Boston (USA) erarbeitet worden waren. Sie erklärten, bei der Untersuchung japanischer Automobilhersteller, also im Rahmen einer Feldforschungsarbeit, festgestellt zu haben, dass diese weitaus wirtschaftlicher produzierten als amerikanische Hersteller. Seither versuchen zahllose Unternehmen außerhalb Japans, die als Lean Production oder Toyota-Produktionssystem bezeichnete Produktionsweise nachzuahmen – bis heute allerdings mit begrenztem Erfolg (vgl. z. B. Springer 1999; speziell in Bezug auf den nachfolgend thematisierten Teilaspekt der Gruppenarbeit z. B. Kühl 2001, 199 ff.).

Als wesentliche Grundlage des japanischen Produktionskonzepts haben Womack et al. seinerzeit die Gruppenarbeit identifiziert (1990). Diese Aussage genießt unter Produktionswissenschaftlern inzwischen breiten Konsens (vgl. z. B. Abo 1994; Coriat 1995; Benders et al. 1996; Nomura/Jürgens 1995). Um die Jahrtausendwende stellte die Japanologin Anne-Petra Sey jedoch fest, dass es weder in Japan noch in der westlichen Welt „methodologisch verantwortbare Beschreibungen und Analysen gibt, welche auf tatsächlichen Feldstudien in der japanischen Industrie im allgemeinen und in der japanischen Automobilherstellung im besonderen basieren" (1999, 8 f.). In ihrer sehr umfassenden Auswertung der Literatur zu diesem Thema (2001) kommt Sey zu der ernüchternden Erkenntnis, dass die Publikationen in der Regel gar nicht auf empirisch erfassten Daten basieren. „Stattdessen greifen die meisten Darstellungen auf andere Darstellungen zurück, die wiederum auf dritten Darstellungen beruhen, und entwickeln auf dieser empirisch sehr fragwürdigen Grundlage neue Konzeptionen, die mit der Wirklichkeit in japanischen Produktionsbereichen nicht mehr viel zu tun haben" (1999, 9). Auf der Basis eigener empirischer Untersuchungen, die Sey in einem japanischen Montagewerk der Motorradproduktion und in sieben japanischen Montagewerken der dortigen Automobilindustrie durchgeführt hat, kam sie zu dem Ergebnis, dass es in Japan Gruppenarbeit in der Form, wie sie im Westen verstanden wird, nie gegeben hat (2001, 424 ff.). Sie sei schlicht ein Mythos, die Forschung dazu „Science Fiction" (ebd., 430).

Praktiker, die solche Konzepte im Vertrauen auf die Seriosität der Wissenschaft aufgreifen, gehen eben jene Risiken ein, die sie durch Rückgriff auf eine wissenschaftliche Absicherung eigentlich vermeiden wollen. Und im wahrscheinlichen Fall des Scheiterns zahlen sie das Lehrgeld, das eigentlich mit öffentlichen Fördergeldern bereits bezahlt sein sollte. Die Tatsache, dass gerade das Toyota-Produktionssystem u. a. auch die Notwendigkeit zur Vermeidung jeglicher Verschwendung betont, verleiht der oben formulierten Forderung nach einer Rückbesinnung auf die empirische Forschung noch einmal Nachdruck. Andernfalls verliert die Wissenschaft einen großen Teil ihrer Existenzberechtigung, insbesondere im Hinblick auf ihre Praxisrelevanz. Doch das richtet sich nicht nur an die Wissenschaftler selbst, sondern auch und vor allem an diejenigen, die die Bedingungen definieren, unter denen Wissenschaftler arbeiten.

Die Methoden zur Auswertung der Informationsquellen, die im Rahmen der Situationsanalyse angewendet werden, müssen benannt werden. Allerdings ist es nicht erforderlich, diese Methoden grundsätzlich zu erläutern, denn das in Lehrbüchern enthaltene Grundwissen zu kennen, stellt eine Voraussetzung dar, die gleichermaßen für Autoren wie für interessierte Leser gilt (vgl. Brauner/Vollmer 2008, 18). Erklärt werden muss dagegen, warum die gewählten Methoden zum Einsatz kommen sollen. Und wenn prinzipiell mehrere Methoden infrage kommen, von denen aber nur bestimmte ausgewählt werden, so ist zur Begründung der Auswahl u. U. auch eine vergleichende Bewertung der Methoden sinnvoll. Doch auch zu diesem Zweck sollen die Methoden nicht grundsätzlich diskutiert werden, sondern nur im Hinblick auf den konkreten Anwendungsfall.

Erläutert werden muss weiterhin das spezifische Design der Untersuchungen. Werden Daten z. B. durch eine Befragung erhoben, so ist u. a. zu erklären und zu begründen, welche Personen (Probanden) daran teilnehmen sollen, wie die Befragung konkret durchgeführt werden soll (schriftlich, mündlich, telefonisch usw.) und wie der Fragebogen gestaltet wird (Fragetyp, Skalierung, Aufbau des Fragebogens usw.) (vgl. Böhm 2005, 42 ff.; Kornmeier 2007, 158 ff.).

Je nachdem, ob es sich um eine Bachelor-, Master- oder Doktorarbeit handelt, ergeben sich bei der Anwendung der Methoden zur Auswertung der Informationsquellen unterschiedliche Schwerpunkte.

Bachelorarbeiten sind thematisch in der Regel darauf ausgerichtet, mithilfe wissenschaftlicher Methoden praktische Probleme zu lösen. So sollen Bachelor-Absolventen nach dem Deutschen Qualifikationsrahmen fähig sein, neue Lösungen zu erarbeiten (vgl. AK-DQR 2011, 7 f.). Daher gilt es, in der Situationsanalyse zunächst das praktische Problem zu beleuchten.

Dazu sind vorrangig empirische Methoden erforderlich. Vor allem die Feldforschung, bei der die Informationen im Sinne der Primärforschung selbst vor Ort, also in der Praxis, gewonnen werden, ist besonders gut geeignet, die Grundlage zur Lösung praktischer Probleme zu schaffen. Werden zum Beispiel konkrete Probleme von Unternehmen oder öffentlichen Institutionen angegangen, so können diese durch eigene Beobachtungen oder durch eine Befragung (Interview, Fragebogen o. Ä.) von Beteiligten und Betroffenen genauer erfasst werden. Erst wenn diese Möglichkeit der Datengewinnung nicht möglich ist, sollten fremde Daten im Zuge der sogenannten Schreibtischforschung herangezogen und ausgewertet werden. Darüber hinaus können fremde Daten ergänzend verwendet werden.

Auch bei der Untersuchung eines praktischen Problems kann ein Literaturstudium sinnvoll sein. Je konkreter ein Problem ist, desto weniger wird man allerdings Quellen finden, die sich mit genau diesem Problem beschäftigen. Wahrscheinlicher ist es, auf Quellen zu stoßen, die sich mit der Lösung mehr oder weniger ähnlicher Probleme befassen, die an anderer Stelle aufgetreten sind. Doch daraus lassen sich zumeist keine unmittelbar anwendbaren Problemlösungsmöglichkeiten ableiten, sondern nur Anregungen, die eigene Ideen beflügeln können. Der Nutzen solcher Anregungen soll nicht unterschätzt werden, denn das Anknüpfen an vergleichbare Fälle erlaubt möglicherweise die Verallgemeinerung eines Lösungswegs. Dennoch wird ein Literaturstudium allein im Zuge der Situationsanalyse nicht hinreichend Aufschluss über ein praktisches Problem geben. Das Gleiche gilt analog für die Meta-Analyse.

In diesem Zusammenhang warnt Kornmeier (2007, 78) mit Verweis auf Frank (2003, 283 ff.) vor dem sogenannten Best-Practice-Ansatz, der vor allem in der Betriebswirtschaft verbreitet ist. Dabei geht es darum, die angeblich erfolgreichsten Konzepte zu identifizieren, die sich aus Quellen ableiten lassen. Erstens seien auf der Basis dieses Ansatzes, so Kornmeier mit Verweis auf Nicolai und Kieser (2002, 588),[13] bisher keine nennenswerten Erfolge erzielt worden. Zweitens würde eine Imitation in betriebswirtschaftlicher Hinsicht keinen Vorsprung, in wissenschaftlicher Wendung keinen Fortschritt ermöglichen, und drittens würden Differenzierungen mit zunehmender Verbreitung ihren spezifischen Reiz verlieren.

Vor diesem Hintergrund wird ausdrücklich vor den weitverbreiteten Empfehlungen gewarnt, eine praxisorientierte Abschlussarbeit mit einer sogenannten theoretischen Grundlegung zu beginnen (vgl. Karmasin/Ribing 2010, 80; Kornmeier 2012, 97 ff.). Auf bestehendes Wissen zurückzugreifen, heißt nicht automatisch, „mit Hilfe eines Literaturstudiums das ‚Fundament' zu schaffen" (Kornmeier 2007, 107) und dadurch den Stand der Forschung aufzubereiten. In praxisorientierten Arbeiten findet man relevantes Wissen zur Situation erst einmal vor Ort, also in der Praxis und nicht in Büchern.

Nach dem Deutschen Qualifikationsrahmen wird von Master-Absolventen erwartet, dass sie eigenständig neue Ideen entwickeln. Doktoranden sollen sogar ausdrücklich eigene Beiträge zur Forschung leisten und damit die Grenzen des Wissens erweitern (vgl. AK-DQR 2011, 7 f.). Ausgangspunkt und Anlass der Arbeit ist also eine Theorie, und ein praktisches Problem dient lediglich dazu, die Gültigkeit der theoretischen Aussagen zu überprüfen (vgl. Kornmeier 2007, 42). Vor diesem Hintergrund bietet sich bei solchen Abschlussarbeiten vor allem ein deduktiver Ansatz an, der sich bei geisteswissenschaftlichen Arbeiten mit dem hermeneutischen und mit dem dialektischen Ansatz im Hinblick auf die Situationsanalyse verbinden lässt.

[13] Die bei Kornmeier genannte Quelle ist im Literaturverzeichnis nicht aufgeführt. Vermutlich ist die hier angegebene Quelle gemeint.

Folgt man Popper (1989, 61 f.), so können Theorien sogar aus dem Nichts entstehen. Intellektuelle Intuition und intellektuelle Einbildungskraft seien von größter Bedeutung. Doch das ist nicht die Regel. Als die bei Weitem wichtigste Quelle des Wissens identifiziert Popper die Tradition (vgl. ebd.). Darüber hinaus sind die scientific community und die von ihr publizierten Forschungsergebnisse eine wichtige Quelle bereits bekannter Theorien.

Vor diesem Hintergrund geht es im Rahmen der Situationsanalyse von Master- und Doktorarbeiten auch und vor allem darum, die Theorie, die Gegenstand der Forschung sein soll, darzustellen, in den Stand der Wissenschaft einzuordnen und kritisch zu würdigen, um die Defizite, die den Anlass zur Arbeit geben, deutlich herauszuarbeiten.

Finden wird man die zu untersuchende Theorie sowie den damit im Zusammenhang stehenden Stand der Wissenschaft vorrangig in der wissenschaftlichen Literatur. Daher stehen Literaturstudium oder Meta-Analyse (siehe Abb. 10) in diesem Fall oft an erster Stelle.

Wichtig ist in diesem Zusammenhang Kornmeiers Hinweis, dass es dabei nicht darum geht, die Erkenntnisse Dritter einfach nur nachzuerzählen (2007, 42). Vielmehr kommt es zunächst darauf an, die tatsächlichen Urheber zu identifizieren. Im vorliegenden Band führte dies beispielsweise zu der Erkenntnis, dass die Ursprünge des hier zugrunde gelegten Vorgehensmodells nicht im Systems Engineering liegen, sondern bei John Dewey (1997) zu finden sind, auch wenn dessen Erkenntnisse im Systems Engineering (vgl. Haberfellner et al. 2012) weiterentwickelt wurden und auch hier noch einmal variiert werden. Solche Hinweise auf die Ursprünge von Erkenntnissen sind nicht nur zur Wahrung des Urheberrechts erforderlich. Vielmehr dienen sie auch dazu, dem Leser Gelegenheit zu geben, die Schlussfolgerungen anhand der zugrunde liegenden Erkenntnisse zu überprüfen.

Weiterhin sollen nur diejenigen Aspekte zusammengetragen werden, die für die eigene Arbeit relevant sind (vgl. Kornmeier 2007, 107). Wichtiges von unwichtigem zu trennen ist eine eigenständige Leistung, die nicht dem Leser überlassen werden darf. Schließlich sollen die zitierten Aussagen dokumentiert, geordnet und kritisch diskutiert werden (vgl. ebd.), um ihren Wahrheitsgehalt und ihre Nützlichkeit im Hinblick auf das eigene Vorhaben zu bewerten.

Eine gewisse Gefahr literaturbasierter Situationsanalysen besteht darin, in den Schreibstil eines Lehrbuchs zu verfallen. Um das zu vermeiden, ist es hilfreich, sich stets vor Augen zu führen, dass es dabei nicht darum geht, dem Leser allgemeine Kenntnisse zu vermitteln. Das in Lehrbüchern enthaltene Grundwissen zu kennen, stellt eine Voraussetzung dar, „die gleichermaßen für Autoren und interessierte Leser wissenschaftlicher Texte gilt“ (Brauer/Vollmer 2008, 18). Das Ziel der Literaturarbeit besteht in theoretisch orientierten Master- und Doktorarbeiten lediglich darin, Defizite einer Theorie aufzuzeigen, denn diese bieten Gelegenheit, durch deren Beseitigung eigene Beiträge zur Forschung zu leisten. Erklärungen sind daher nur insoweit erforderlich, als sie diesem Zweck dienen und spezielle Aspekte betreffen, die zu kennen auch bei gut informierten Rezipienten nicht vorausgesetzt werden kann.

Ähnlich wie es in praxisorientierten Bachelorarbeiten sinnvoll sein kann, die empirische Datenerhebung durch eine Literaturrecherche zu ergänzen, kann es in theorieorientierten Master- und Doktorarbeiten erforderlich sein, die Praxis mithilfe empirischer Methoden zu analysieren. Immerhin kann ein Defizit einer Theorie durch eine praktische Erfahrung offenbart werden. Ausgangspunkt der Überlegungen wäre in diesem Fall ein praktisches Problem, das dann natürlich im Rahmen der Situationsanalyse dokumentiert werden muss. Doch anders als in praxisorientierten Arbeiten geht es hier nicht primär darum, das praktische Problem zu lösen. Vielmehr dient das praktische Problem nur als Anlass, sich mit den Methoden, Verfahren und Werkzeugen zur Lösung derartiger Probleme im Allgemeinen zu befassen. Das praktische Problem kann dann nach Lösung des theoretischen Problems herangezogen werden, um die Brauchbarkeit der Lösung unter Beweis zu stellen. Und bei dieser Gelegenheit darf das praktische Problem dann natürlich auch gelöst werden.

In Abschnitt 5.1.1 wurde darauf hingewiesen, dass bei einem dialektischen Ansatz die Antithese nicht schon zu Beginn einer Arbeit bekannt sein muss. Vielmehr kann sie sich erst im weiteren Verlauf herausbilden. Dies kann im Rahmen der Situationsanalyse geschehen, beispielsweise durch eine kritische Auseinandersetzung mit der Fachliteratur oder durch eine Konfrontation der These mit Beobachtungen in der Praxis. In diesem Fall gilt es, die Antithese mit der eingangs formulierten These in Verbindung zu bringen und klar herauszustellen. Immerhin bildet sie zusammen mit der These die zentrale Differenz, aus der heraus die Synthese entwickelt werden soll.

5.2.3 Ablauf der Situationsanalyse

Der Ablauf der Situationsanalyse ergibt sich im Einzelnen aus den Methoden, die in Abhängigkeit von den verfügbaren Informationsquellen zu wählen sind. Details dazu finden sich in der einschlägigen Literatur (vgl. z. B. Böhm 2005; Kornmeier 2007) und müssen hier nicht wiederholt werden, zumal es hier nur um die Vorgehensweise geht, sodass inhaltliche Aspekte nur insoweit relevant sind, als sie dem Verständnis dieser Vorgehensweise dienen.

In Bezug auf das Vorgehen gilt, dass alle Methoden mit der Vorbereitung der Informationsbeschaffung beginnen (vgl. Böhm 2005, 30 f.), an die sich die eigentliche Recherche (Datenerhebung) anschließt (vgl.

ebd., 31 ff.). Mit der Recherche verbunden sind auch die Auswahl relevanter Quellen und die systematische Gliederung und Zusammenfassung (Aufbereitung) der wesentlichen Inhalte (vgl. ebd., 73 ff.). Die kritische Auseinandersetzung mit der Situation (Auswertung) kann damit verbunden werden oder im Anschluss an die Recherche erfolgen. In jedem Fall sollten gegen Ende der Analyse die Schlussfolgerungen deutlich herausgehoben werden, um in der nachfolgenden Phase daran anknüpfen zu können. Dabei können Visualisierungstechniken wie z. B. grafische oder tabellarische Darstellungen hilfreich sein (vgl. ebd., 89 ff.).

Da die Situationsanalyse aufgrund der Skaleninvarianz des Vorgehensmodells dem gleichen Ablauf folgt wie die Arbeit insgesamt, sind die Ergebnisse abschließend zu bewerten. Dabei sollten, wie oben bereits erläutert wurde, alle Beteiligten und Betroffenen einbezogen werden, um ein übereinstimmendes Situationsverständnis sicherzustellen.

5.3 Zielformulierung

Bisher wurde die Existenz und Notwendigkeit von Zielen im Rahmen von Forschungsvorhaben als relativ selbstverständlich vorausgesetzt. Bevor der Umgang mit ihnen im Folgenden eingehender erläutert wird, soll diese Selbstverständlichkeit noch etwas relativiert werden.

Tatsächlich ist die mit Zielen verbundene Zweckorientierung wissenschaftlicher Arbeit nicht unumstritten. Vor allem die Grundlagenforschung reklamiert für sich das Recht und die Notwendigkeit der Zweckfreiheit. Das wird zum einen mit dem Argument der Nützlichkeit begründet. So wies z. B. Julian Nida-Rümelin im Rahmen einer Veranstaltung der Körber-Stiftung darauf hin, dass alle großen wissenschaftlichen Innovationen der Geschichte ohne Verwertungsdruck zustande gekommen sind (2006). Zum anderen wird vorgebracht, dass Wissenschaft ein Kulturgut sei und keiner zusätzlichen oder alternativen Zwecksetzung bedürfe.

Vor diesem Hintergrund sei an dieser Stelle angemerkt, dass die Erläuterungen dieses Abschnitts dort ihre Bedeutung verlieren, wo die Zweckfreiheit wissenschaftlicher Arbeit zu Recht beansprucht wird. Dieses Recht soll hier nicht infrage gestellt werden. Vielmehr gilt das Folgende nur dort, wo Ziele ausdrücklich als Teil von Forschungsvorhaben verstanden werden. Das dürfte zumindest in der anwendungsorientierten Forschung obligatorisch sein.

Wie Abb. 5 (Punkt 1) zeigt, bilden die Ergebnisse der Situationsanalyse insbesondere in Form der Schlussfolgerungen den Ausgangspunkt für die nun mögliche Zielformulierung. Anders als in der Phase des Anstoßes liegt nämlich erst jetzt eine hinreichend gesicherte Informationsbasis vor, um Ziele so formulieren zu können, dass sie den Anforderungen gerecht werden, die nachfolgend im Einzelnen erläutert werden.

Da der Problemlösungszyklus den Anspruch erhebt, logisch zu sein, muss er auch mathematischen Regeln folgen. Eine solche Regel besagt, dass Teile von Formeln (Terme) in Klammern zusammengefasst werden können. Dazu müssen geöffnete Klammern jedoch in der Regel auch wieder geschlossen werden. In diesem Sinne bilden Einleitung (Anstoß) und Schluss (Zusammenfassung) quasi die äußeren Klammern einer wissenschaftlichen Abschlussarbeit. Als innere Klammer dienen die Zielformulierung und die Bewertung der Ergebnisse. Das bedeutet, dass eine Bewertung üblicherweise anhand von Kriterien vorgenommen wird. Die dazu erforderlichen Kriterien sollten aber nicht erst formuliert werden, wenn das Ergebnis bereits vorliegt und dessen Bewertung kurz bevorsteht. Stattdessen sollte bereits vor der Erarbeitung von Lösungen festgelegt werden, an welchem Maßstab deren Qualität gemessen werden soll. Damit wird mit der Zielformulierung die Klammer geöffnet, die mit der Bewertung wieder geschlossen wird (Abb. 5, Punkt 6). Auf diese Weise erfolgen auch die Methodenplanung (Abb. 5, Punkt 4) sowie die Synthese und Analyse, also die Erarbeitung von Lösungen (Abb. 5, Punkt 5), in Kenntnis der Anforderungen, die an sie gestellt werden.

Damit die Ziele diese Funktion erfüllen können, müssen sie, wie man im Projektmanagement sagt, S.M.A.R.T sein (vgl. Doran 1981). Dieses Akronym steht für

- Specific (eindeutig),
- Measurable (messbar),
- Accepted (akzeptabel),
- Realistic (realistisch) und
- Timely (innerhalb der vorgegebenen Zeit erreichbar).

Im Hinblick auf die Eindeutigkeit der Zielsetzung empfehlen zahlreiche Ratgeber zu Recht, eine zentrale Forschungsfrage zu formulieren und diese in geeigneter Weise, idealerweise auch formatierungstechnisch (z. B. Kasten, eingerückter Absatz, Kursivdruck), herauszustellen (vgl. Brauner/Vollmer 2008, 92 ff.; Heister/Weßler-Poßberg 2007, 83; Karmasin/Ribing 2010, 27; Kornmeier 2007, 9; Samac et al. 2009, 46). Um das Schließen der damit geöffneten Klammer deutlich zu machen, bietet es sich weiterhin an, auch die Antwort auf die Forschungsfrage im Rahmen der Lösungsbewertung in der gleichen Weise hervorzuheben.

Die Forderung nach einer Quantifizierbarkeit des Erfolgs einer Lösung wird vor allem in technischen und wirtschaftswissenschaftlichen Disziplinen sowie in den Naturwissenschaften erhoben und ist in diesen Bereichen oft auch einlösbar. Allerdings gibt es auch Arbeiten, beispielsweise in den Geisteswissenschaften, die mit dieser Forderung überfordert sind. Eine Relativierung dieses Zielaspekts kann in solchen Fällen durchaus akzeptabel sein.

Die Forderung nach Akzeptabilität bringt es mit sich, dass mehrere Ziele zugleich verfolgt werden müssen, denn Probleme und ihre Lösungen berühren zumeist die Interessen mehrerer Anspruchsgruppen. Darunter werden Gruppen verstanden, die sich von der Arbeit und ihren Folgen in irgendeiner Weise direkt oder indirekt betroffen fühlen und/oder Einfluss darauf haben und ihre Interessen legitimieren können (vgl. Göbel 2010, 125 ff.). Eine einzige Anspruchsgruppe reicht aus, die gesamte Lösung infrage zu stellen, wenn ihre Interessen nicht angemessen berücksichtigt wurden. Da Anspruchsgruppen von Fall zu Fall variieren können, sind sie bei jedem Vorhaben individuell zu identifizieren. Im Anschluss daran sind ihre jeweiligen Ansprüche im Einzelnen zu analysieren und zu prognostizieren.

Werden die Ansprüche mehrerer Anspruchsgruppen berücksichtigt, kommt es oft zu Zielkonflikten (vgl. ebd., 153 ff.). Zum Umgang mit solchen Konflikten gibt es drei grundsätzliche Möglichkeiten (vgl. Haberfellner et al. 2012, 232 f.): (1) Durch das Setzen von Prioritäten werden die Konflikte zwar nicht beseitigt (was zumeist auch gar nicht möglich ist), aber es wird angegeben, welche Ziele den Vorrang vor anderen Zielen haben sollen. Dazu werden oft Klassifizierungen wie z. B. Muss-, Soll- und Wunsch- bzw. Kann-Ziele verwendet. Eine weitere Möglichkeit (2) besteht darin, Grenzwerte zu definieren, innerhalb derer sich die Lösungsparameter bewegen dürfen. Während die beiden bisher genannten Ansätze darauf abzielen, Kompromisse zu finden, läuft der dritte Ansatz darauf hinaus, Ziele auszuschließen oder Zielkonflikte zu umgehen, wenn Kompromisse nicht möglich erscheinen. Dazu können (3) Ziele entweder auf einer höheren Abstraktionsebene untersucht werden, um andere Zielvorstellungen mit weniger Konfliktpotenzial zu entwickeln, oder bestimmte Ziele werden schlicht eliminiert.

Alle drei Vorgehensweisen sind darauf angewiesen, Zielkonflikte möglichst transparent zu machen. Dazu eignet sich die sogenannte Ziel-Relationen-Matrix in besonderer Weise. Abb. 12 gibt das Beispiel wieder, das Haberfellner et al. (2012, 232) zur Veranschaulichung dieser Technik verwenden. Daran ist zu erkennen, dass im Zuge eines paarweisen Vergleichs aller Ziele mit allen anderen Zielen herausgearbeitet wird, welche Ziele sich gegenseitig unterstützen, welche zueinander indifferent sind, welche gegenläufig und welche sogar unmittelbar widersprüchlich sind.

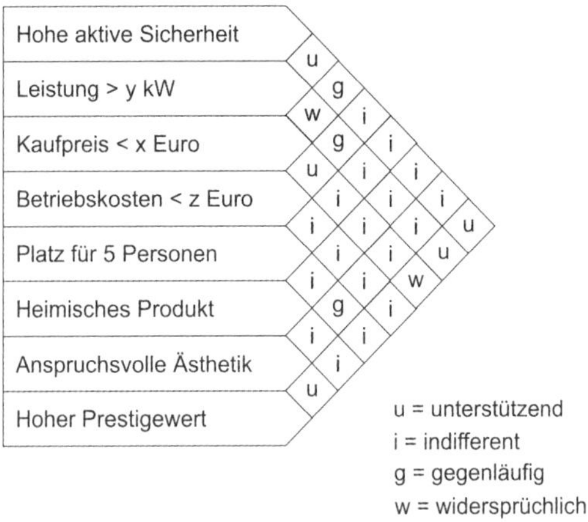

Abb. 12: Beispiel einer Ziel-Relationen-Matrix (Haberfellner et al. 2012, 232)

Dass die Ziele, die im Rahmen wissenschaftlicher Abschlussarbeiten verfolgt werden, realistisch sein sollten, ist evident und bedarf daher keiner eingehenden Erläuterung.

Die Forderung, dass die Ziele innerhalb der vorgegebenen Zeit erreichbar sein sollen, ist dagegen gerade bei Abschlussarbeiten besonders hervorzuheben. Immerhin werden von solchen Arbeiten nicht nur verwertbare Ergebnisse erwartet; zugleich ist mit ihnen auch eine Prüfungsleistung verbunden, und in dieser Hinsicht ist mehr noch als bei normalen Forschungsprojekten auf faire Bedingungen zu achten, zumal eine Verlängerung der Bearbeitungsdauer in der Regel an strenge Bedingungen geknüpft ist, die zumeist keine inhaltlichen Probleme berücksichtigen.

Über die hier erwähnten Methoden und Techniken hinaus gibt es zahlreiche weitere Möglichkeiten, den Zielfindungsprozess systematisch zu gestalten. Da hier jedoch nur die Vorgehensweise im Fokus steht, wird dazu vertiefende Literatur (vgl. z. B. Böhmer 2005, 171 ff.) empfohlen.

Den Abschluss der Zielformulierungsphase bildet erneut eine Bewertung und Entscheidung (Abb. 5). Und auch dabei sollten alle Beteiligen und Betroffenen einbezogen werden. Vor allem für den Fall, dass der Auftraggeber mit seiner Auftragserteilung bereits konkrete Zielvorstellungen verbunden hatte, sind diese mit den nun vorliegenden Zielen abzugleichen. Differenzen zwischen den ursprünglichen und den nun erarbeiteten Zielen sollten erklärt werden. Angesichts der zwischenzeitig erfolgten Situationsanalyse und der differenzierten Auseinandersetzung mit allen Aspekten, insbesondere auch mit den Interessen anderer Anspruchsgruppen, die für ein umfassendes Zielsystem relevant sind, sollte das allerdings nicht schwerfallen.

5.4 Methodik und Arbeitsprogramm

Erinnern wir uns noch einmal an das Beispiel des Zahnarztes, der sich bei seinem Patienten zunächst nach dem Anlass seines Besuchs erkundigt, daraufhin eine Diagnose durchführt und angesichts der Untersuchungsergebnisse gemeinsam mit dem Patienten die Ziele vereinbart, die durch die geplante Behandlung erreicht werden sollen. Bevor er tatsächlich mit der Behandlung beginnt, wird er nicht nur für sich, sondern ebenfalls im Gespräch mit dem Patienten abwägen, welche Methoden am besten geeignet sind, um diese Ziele zu erreichen. In diesem Fall könnte es, wie oben schon erläutert wurde, zum Beispiel um den alternativen Einsatz eines mechanischen Bohrers oder eines Laserbohrers, um die Verwendung verschiedener Materialien zur Füllung des Lochs, um verschiedene Möglichkeiten der Schmerzvermeidung während und nach der Behandlung usw. gehen.

5.4.1 Methoden, Verfahren und Werkzeuge

Im wissenschaftlichen Kontext müssen Begriffe möglichst präzise verwendet werden. Daher reicht es nicht aus, wie bisher nur von Methoden zu sprechen, denn es gibt eine ganze Reihe weiterer Begriffe, die in diesem Kontext relevant sein können, so z. B. Verfahren, Vorgehensweise, Werkzeug oder Instrument.

Beginnen wir mit dem Begriff der Methode, so können wir ihn etymologisch aus dem griechischen Wort „méthodos“ ableiten, der ursprünglich so viel wie „das Nachgehen, der Weg zu etwas hin“ bedeutet (vgl. Hug 2001, 11). In der Wissenschaft beschreibt die Methode einen Weg zur Lösung eines Problems, der auf einem System von Regeln basiert (vgl. Heinrich 2001, 97).

Vor diesem Hintergrund kann man das hier erläuterte, auf dem aus dem Systems Engineering bekannten Problemlösungszyklus (vgl. Haberfellner et al. 2012, 73 ff.) basierende Vorgehensmodell als eine Methode bezeichnen. Und auch die Arten des Argumentierens und Schließens, also die Induktion und Deduktion, die Hermeneutik und die Dialektik, sind Methoden in diesem Sinne. Werden mehrere Methoden benannt, die miteinander im Zusammenhang stehen, so spricht man auch von einer Methodologie. Im Rahmen der Methodologie geht es darum, zunächst aus der Summe aller bekannten Methoden diejenigen zu identifizieren, die sich zur Lösung eines konkreten Problems prinzipiell eignen, um auf dieser Basis wiederum diejenigen Methoden zu wählen, die am besten geeignet sind, das Problem zu lösen. Insbesondere die zuletzt genannte Auswahl ist durch eine vergleichende Bewertung zu begründen.

Alternativ oder ergänzend zu Methoden geht es hier aber auch um Verfahren, Werkzeuge, Instrumente, Vorgehensweisen und dergleichen. Dazu liegen allerdings keine Definitionen vor, die Allgemeingültigkeit beanspruchen könnten. Daher bleibt es dem Verfasser einer Abschlussarbeit überlassen, Begriffe wie diese so zu verwenden, wie es im Kontext des Fachgebiets, in den seine Arbeit einzuordnen ist, üblich und nützlich erscheint.

Der folgende Versuch einer begrifflichen Ein- und Abgrenzung sei also mit dem ausdrücklichen Hinweis versehen, dass er erstens ausschließlich dem Verständnis der hier angestellten Überlegungen dienen soll und zweitens selbst dafür nicht zwingend erforderlich wäre, da das beim Leser voraussetzbare Verständnis auch ohne diesen Versuch eine Interpretation ermöglichen würde, die dem Gemeinten hinreichend nahe käme.

Bei einer betriebswirtschaftlichen oder ingenieurwissenschaftlichen Arbeit, die sich mit einem logistischen Problem beschäftigt, könnte als Methode beispielsweise ein Experiment sinnvoll sein. Zur Durchführung von Experimenten nutzt man in diesem Wissensgebiet oft Simulationsprogramme (vgl. Kühn 2006), die auch als Software-Werkzeuge oder neudeutsch als Tools bezeichnet werden. Mit der Anwendung solcher Werkzeuge sind bestimmte Vorgehensweisen verbunden, die in diesem konkreten Beispiel u. a. in der VDI-Richtlinie 3633 Blatt 1 (vgl. VDI 2010, 19) beschrieben werden. Weiterhin kann ergänzend der Einsatz zusätzlicher Methoden und entsprechender Werkzeuge sinnvoll sein. Im Zusammenhang mit der computergestützten Simulation logistischer Systeme gilt dies z. B. für die Methode der statistischen Versuchsplanung (vgl. Siebertz et al. 2010), die von der VDI-Richtlinie 3633 Blatt 3 (vgl. VDI 1997a) empfohlen wird. Und auch dafür stehen geeignete Software-Werkzeuge zur Verfügung. Während spezielle Methoden und Werkzeuge wie die gerade beispielhaft genannten erläutert werden müssen, gilt dies für allgemein übliche Werkzeuge wie z. B. Tabellenkalkulationsprogramme nicht, da diese als bekannt vorausgesetzt werden können.

Alternativ zum Einsatz der computergestützten Simulation wäre auch der Rückgriff auf quantitative Methoden aus dem Bereich des operations research möglich (vgl. Domschke/Drexl 2011). Im Rahmen des oben skizzierten Beispiels käme z. B. die Warteschlangentheorie in Betracht. Ein wichtiger Grund, die Methodik in einem eigenen Kapitel zu erläutern, besteht darin, solche Alternativen im Lichte ihrer jeweiligen Vor- und Nachteile im Hinblick auf den beabsichtigten Verwendungszweck zu diskutieren und die Auswahl zu begründen. Dies gilt für Methoden in stärkerem Maße als für Werkzeuge. Letztere werden oft nach pragmatischen Gesichtspunkten ausgewählt, beispielsweise schlicht deshalb, weil sie bereits verfügbar sind und weil die Beschaffung anderer Werkzeuge mit Kosten verbunden wäre, die durch einen möglichen Nutzen nicht gerechtfertigt werden könnten. Gleichwohl gilt natürlich, dass die verwendeten Werkzeuge den Anforderungen genügen müssen.

5.4.2 Theorien

Zusätzlich zu den Methoden, Verfahren und Werkzeugen, mit deren Hilfe das Problem gelöst werden soll, werden im akademischen Kontext Theorien herangezogen, um Strukturen und Prozesse zu beschreiben, zu erklären und vorherzusagen. Allerdings ist die Antwort auf die Frage, was Theorien sind, ebenso umstritten wie der Weg zu ihrer Entwicklung und Überprüfung.

Trotz ihres grundsätzlichen Disputs über die richtige Art des Argumentierens und Schließens waren sich logische Empiristen wie Rudolf Carnap oder Hans Reichenbach und kritische Rationalisten wie Karl R. Popper noch zu Beginn des 20. Jahrhunderts zumindest darin einig, dass Theorien Aussagemengen sind: „Wissenschaftliche Theorien sind allgemeine Sätze. Sie sind, wie jede Darstellung, Symbole, Zeichensysteme“ (Popper 1976, 31). Sie bestehen also aus einer zusammenhängenden Reihe singulärer und universeller Aussagen, die es erlauben, einen Sachverhalt über eine reine Beschreibung hinaus zu begründen, zu erklären oder zu verstehen (vgl. Giesen/Schmid 1977, 268; Schnell et al. 1989, 41; Opp 1976, 78; Prim/Tilmann 1979, 83).

Diese Auffassung wird seither jedoch von mehreren Seiten kritisiert (vgl. Manhart 1994, 112). So wird z. B. der objektive Realitätsbezug von Theorien durch den Einwand der Theorieabhängigkeit aller Beobachtungen infrage gestellt (vgl. Carrier 2006, 55 ff.; Schurz 2008, 57 f.). Begründet wird diese Voreingenommenheit z. B. damit, dass bereits die Auswahl wissenschaftlich relevanter Fragestellungen nicht in jeder Hinsicht objektiv erfolgt, sondern auch von den subjektiven Erfahrungen und Neigungen der Wissenschaftler abhängt. Ein weiteres Argument resultiert aus dem erkenntnistheoretischen Standpunkt des Konstruktivismus, der davon ausgeht, dass jede Wahrnehmung der Realität letztlich keine Wahrnehmung im eigentlichen Sinne, sondern

Konstruktion ist, während der Zugang zur Wirklichkeit bestenfalls begrenzt ist.

Eine weit gehende Kritik wurde von Thomas S. Kuhn (1976) vorgetragen (vgl. Manhart 1994, 112; Carrier 2006, 146 ff.; Schurz 2008, 16). Aus einer eher wissenschaftshistorischen Perspektive erklärte er die Wissenschaft insgesamt zur irrationalen Veranstaltung. Statt Theorien logisch zu begründen und in der Realität empirisch zu überprüfen, wie Popper annahm (1976), würden Theorien von neuen Theorien durch Überredung, Propaganda oder schlicht infolge des Aussterbens einer Forschergeneration verdrängt (vgl. Stegmüller 1979, 737 f.). Solche Ablösungsprozesse bezeichnete Kuhn als Paradigmenwechsel. Und auch in Phasen, in denen ein Paradigma vorherrscht, ist der Wissenschaftsbetrieb nach Auffassung von Kuhn insoweit irrational, als Ansätze, die mit dem vorherrschenden Paradigma im Widerspruch stehen, keine Chance haben, wahrgenommen, geschweige denn anerkannt zu werden. Daraus folgt, dass sich wissenschaftlicher Fortschritt nicht nur logisch erklären lässt, sondern auch einer historischen, psychologischen und soziologischen Erklärung bedarf.

Am weitesten geht die Kritik von Paul Karl Feyerabend (1976). Er wies darauf hin, dass nicht nur Theorien von den Methoden abhängen, mit deren Hilfe sie entwickelt wurden, sondern dass auch Methoden theorieabhängig sind. Daher könnten Theorien nicht durch eine Überprüfung anhand der Realität falsifiziert werden, wie Popper dies forderte (1976), sondern allenfalls an Beobachtungen der Realität, die wiederum auf Methoden beruhen. Wenn diese mit den Theorien harmonieren würden, die sie zu bestätigen versuchen, würde dies zu Zirkelschlüssen führen. Daraus folgert Feyerabend, dass es zusätzlich zu dem von Popper geforderten Theorien-Pluralismus auch einen Pluralismus bei den Methoden geben muss, mit deren Hilfe man Theorien zu bestätigen versucht, statt Theorien gemäß Poppers Vorstellungen stets nur mit derselben Methode, der empirischen Falsifikation, zu prüfen. Weiterhin forderte Feyerabend, dass Theorien und Methoden zu ihrer Prüfung nicht harmonieren sollen. Letztlich war ihm quasi jede Methode recht, solange sie nur geeignet sein würde, einer Theorie erfolgreich zu Leibe zu rücken: der einzige Grundsatz, der den Fortschritt nicht behindern würde, sei der Grundsatz „anything goes" (vgl. Metzner, A. 2001, 152 ff.). Mit diesem Leitsatz hat Feyerabend, weit über die Wissenschaft hinaus, eine ganze Generation geprägt.

In Auseinandersetzung mit den gerade skizzierten Kritikpunkten haben vor allem Josef Sneed (1971), Wolfgang Stegmüller (1979) und Wolfgang Balzer (2009) zuletzt die strukturalistische Theorieauffassung entwickelt (vgl. Manhart 1994, 113 ff.), die darauf zielt, Theorien mithilfe der informellen Logik und der Mengenlehre formal zu rekonstruieren (vgl. z. B. Schurz 2008, 66 ff.).

Insgesamt zeigt der kurze Abriss unterschiedlicher Auffassungen darüber, was eine Theorie ist und was sie leistet, dass eine allgemeingültige Definition nicht möglich ist. Für diejenigen, die eine wissenschaftliche Abschlussarbeit anfertigen, folgt daraus, dass sie dazu einen eigenen Standpunkt entwickeln und begründen müssen. Das heißt allerdings nicht, dass jede Abschlussarbeit explizit weitreichende erkenntnis- und wissenschaftstheoretische Überlegungen beinhalten muss. Vor allem bei Bachelorarbeiten wird man darauf oft verzichten können. Bei Masterarbeiten sollte aufgrund des höheren Anspruchs an die Wissenschaftlichkeit zumindest erkennbar sein, dass theoretische Überlegungen an die erkenntnis- und wissenschaftstheoretische Diskussion anschlussfähig sind. Nur bei Doktorarbeiten ist die Herstellung von Bezügen zu dieser Diskussion obligatorisch.

Darüber hinaus ist in dieser Phase einer wissenschaftlichen Abschlussarbeit darzulegen, auf welche Theorien sich die Arbeit stützt, um zu neuen Erkenntnissen zu gelangen. So kann sich eine wirtschaftswissenschaftliche Arbeit, die sich mit hybriden Organisationsformen wie z. B. dem Supply Chain Management befasst (vgl. Arnold/Eßig 1999, 87 ff.), beispielsweise auf die neue Institutionenökonomik (vgl. z. B. Williamson 1991) stützen. Viele sozialwissenschaftliche Arbeiten beziehen sich heute auf die Systemtheorie von Niklas Luhmann (1984), und in der Kosmologie gilt die Urknall-Theorie zur Erklärung der Entstehung des Universums als weithin anerkannt (vgl. z. B. Hawking 2010).

Allerdings sind die Theorien nur insoweit zu erläutern, als dies im unmittelbaren Zusammenhang mit dem Thema der Abschlussarbeit steht. Auch an dieser Stelle gilt es zu beachten, dass eine Abschlussarbeit kein Lehrbuch ist, also nicht den Zweck verfolgt, dem Leser Kenntnisse zu vermitteln, die dieser möglicherweise schon hat oder durch Lektüre der einschlägigen Fachliteratur erlangen kann. Wichtig ist vielmehr die Frage, warum und in welcher Form die gewählten Theorien im Hinblick auf die Lösung des konkreten Problems für weiterführend gehalten werden und warum dies ggf. von alternativen Theorien nicht bzw. nicht im gleichen Maße erwartet wird.

5.4.3 Modelle

Folgt man Stachowiak (1973), so sind Modelle mindestens durch die folgenden Merkmale gekennzeichnet: Sie sind (1) stets Abbildungen eines natürlichen Originals oder eines anderen Modells. Sie beinhalten (2) nicht alle Attribute des Originals, sondern nur diejenigen, die im Hinblick auf das Erkenntnisinteresse zweckmäßig erscheinen und sie werden (3) pragmatisch erstellt. Letzteres bedeutet, dass sie (3a) ihren Zweck jeweils nur für denjenigen erfüllen müssen, der sie erstellt, insoweit also keine Intersubjektivität beanspruchen, dass sie (3b) nur in einer bestimmten Zeit eingesetzt werden und insoweit keine zeitlich unbegrenzte Gültigkeit beanspruchen und dass sie (3c) nur bestimmten Zwecken dienen und insoweit nicht allgemeingültig sind.

Vor allem der erkenntnistheoretische Standpunkt des Konstruktivismus betont, dass der Mensch generell nicht in der Lage ist, die Wirklichkeit in allen ihren Facetten zu erkennen, und insofern stets darauf angewiesen ist, Abbilder der Wirklichkeit anzufertigen und mit ihnen so umzugehen, als seien sie die Wirklichkeit. Solche Abbilder werden allerdings nicht als Modelle bezeichnet, weil sie nicht bewusst und zu konkreten Zwecken erstellt werden, sondern mehr oder weniger unbewusst entstehen. Von Modellen wird dagegen nur dann gesprochen, wenn sie das Ergebnis eines methodischen Entwicklungsprozesses sind. Interessanterweise können die Methoden zur Entwicklung von Modellen wiederum modelliert werden.

Beispiele für Modelle, die im Rahmen wissenschaftlicher Abschlussarbeiten genutzt werden können, um zu neuen Erkenntnissen zu gelangen, sind im wirtschaftswissenschaftlichen Kontext das Modell des vollkommenen Marktes (vgl. z. B. Cezanne 2005, 156) oder des Homo oeconomicus (vgl. z. B. Guckelsberger 2006, 187 ff.), im Maschinenbau die technische Zeichnung eines mechanischen Bauteils oder in der Soziologie das Modell der traditionalen Herrschaft (vgl. Weber 1980, 124).

Auch hier gilt analog zu dem, was bereits im Zusammenhang mit Theorien erklärt wurde, dass die zugrunde gelegten Modelle nur insoweit zu erläutern sind, als dies im unmittelbaren Zusammenhang mit dem Thema der Abschlussarbeit steht. Wichtig ist z. B. die Frage, warum und in welcher Form die gewählten Modelle im Hinblick auf die Lösung des konkreten Problems für weiterführend gehalten werden und warum dies ggf. von alternativen Modellen nicht bzw. nicht im gleichen Maße erwartet wird.

5.4.4 Vorgehensweise

Grundsätzlich folgt die Auswahl geeigneter Methoden, Verfahren und Werkzeuge, Theorien und Modelle dank der Skaleninvarianz des Problemlösungszyklus dem gleichen Vorgehensmodell wie die gesamte Abschlussarbeit:

1. So sind im Rahmen der Situationsanalyse mögliche Methoden, Verfahren und Werkzeuge, Theorien und Modelle zu identifizieren. Unter den oben gewählten Beispielen zu Methoden, Verfahren und Werkzeugen waren dies z. B. die computergestützte Simulation und quantitative Methoden sowie die entsprechenden Software-Werkzeuge.
2. Daraufhin sind im Zuge der Zielformulierung die Kriterien zu entwickeln, welche die Methoden, Theorien usw. erfüllen sollen. In Bezug auf das gerade noch einmal aufgegriffene Beispiel der Modellierung logistischer Systeme würde die Flexibilität bei der Anwendung der Methode auf unterschiedliche Modelle des zu untersuchenden Systems und die Möglichkeit, viele verschiedene Modellparameter zu variieren, beispielsweise für die computergestützte Simulation sprechen, während die Möglichkeit, ein absolutes Optimum zu finden und das auch beweisen zu können, für die Anwendung quantitativer Methoden sprechen würde. Zugleich wären damit aber beispielsweise nur wenige Modellparameter abbildbar. Zielkonflikte sollten transparent gemacht und aufgelöst werden, bevor die eigentliche Auswahl stattfindet und eine Entscheidung getroffen wird. Für das hier zugrunde gelegte Beispiel werden Kriterien zur Beurteilung von Simulationsprogrammen z. B. in der VDI-Richtlinie 3633 Blatt 4 (vgl. VDI 1997b) aufgelistet.
3. Weiterhin ist zu klären, nach welcher Methode die Methoden ausgewählt werden sollen. Dies kann z. B. anhand der Literatur zu vergleichbaren Fällen geschehen. Alternativ oder ergänzend kön-

nen aber auch Tests an vereinfachten Modellen durchgeführt werden, wobei dann das Testdesign zu definieren wäre. Letzteres wird insbesondere auch bei der Auswahl von Werkzeugen, in diesem Beispiel also bei der Auswahl geeigneter Simulationsprogramme erfolgen.

4. Dem schließt sich die eigentliche Durchführung der Methodenauswahl an, die dem durch die Auswahlmethode vorgegebenen Ablauf folgt.
5. Schließlich werden die Methoden vergleichend bewertet, um die Entscheidung zur Auswahl der am besten geeigneten Methoden rational begründen zu können.

5.4.5 Arbeitsprogramm

Das Programm, nach dem die nun folgenden Arbeiten durchzuführen sind, ergibt sich aus der gewählten Methode. Bereits in Abschnitt 5.4.1 wurde dies aus der ursprünglichen Bedeutung dieses Begriffs abgeleitet, nach welcher eine Methode einen Weg zur Lösung eines Problems beschreibt, der auf einem System von Regeln basiert (vgl. Heinrich 2001, 97). Dieser Weg kann erst festgelegt werden, wenn die Situation hinreichend bekannt und die Ziele klar definiert sind.

Im Rahmen der Situationsanalyse wurde bei der Analyse der Ratgeber zur Anfertigung wissenschaftlicher Abschlussarbeiten die Beobachtung gemacht, dass mehrere dieser Ratgeber bemerkenswert wenig zum Aufbau des Hauptteils solcher Arbeiten gesagt haben. Dies erschien vor allem deshalb überraschend, weil die Bezeichnung „Hauptteil" nahe legt, dass es auf ihn ganz besonders ankommt. Insofern wäre auf den ersten Blick zu erwarten, dass sich die Ratgeber in der Hauptsache mit diesem Teil von Abschlussarbeiten befassen. Dass sie dies nicht tun, wird an keiner Stelle begründet. Zwar wird vielfach erklärt, dass die Gliederung einer Abschlussarbeit insgesamt individuell zu gestalten ist und dass pauschale Anleitungen generell schwierig sind, doch eine solche Erklärung müsste auch für Einleitung und Schluss gelten. Tatsächlich geben viele Ratgeber zu diesen beiden Teilen und insbesondere zur Einleitung im Vergleich zum Hauptteil aber recht weitreichende Hinweise.

Mithilfe der Erkenntnis, dass die Methoden zur eigentlichen Lösung des Problems erst nach eingehender Situationsanalyse und Zielformulierung festgelegt werden können und dass sie einen Lösungsweg beschreiben, kann die Schwierigkeit bei der Darlegung der Inhalte des Hauptteils exakt begründet werden. Das Arbeitsprogramm zur Lösung des Problems ist tatsächlich von Arbeit zu Arbeit unterschiedlich. Allerdings hängt es, wenn man es exakt formulieren möchte, nur mittelbar vom Thema der Arbeit ab. Unmittelbar abhängig ist es von den gewählten Methoden. Angesichts der bereits erwähnten Methodenvielfalt wäre es daher z. B. denkbar, dass das gleiche Thema, wenn es denn mithilfe verschiedener Methoden bearbeitet würde, unterschiedliche Arbeitsprogramme mit sich bringen könnte. Umgekehrt hat eine Methode stets das gleiche Arbeitsprogramm zur Folge, auch wenn damit verschiedene Themen behandelt werden.

Diese Überlegungen könnten zu der Schlussfolgerung führen, dass die nun folgende Synthese und Analyse von Lösungen dem entspricht, was von den Ratgebern zur Anfertigung wissenschaftlicher Abschlussarbeiten als Hauptteil bezeichnet wird. Doch diese Zuordnung wäre eine zu grobe Vereinfachung, denn tatsächlich lassen sich keine sinnvollen Kriterien finden, nach denen die hier zugrunde gelegten Phasen eines Forschungsvorhabens eindeutig auf das triviale Schema Einleitung, Hauptteil und Schluss projiziert werden können. Zwar ließe sich ohne Zweifel begründen, dass die Synthese und Analyse als Teil des Hauptteils aufzufassen sind. Doch eine Beschränkung darauf würde dem hier empfohlenen Gliederungsschema nicht gerecht.

5.5 Synthese und Analyse

Im Anschluss an die Festlegung der Methoden, Verfahren und Werkzeuge, die zur Lösung des Problems herangezogen werden sollen, sowie der Theorien und Modelle, die dem zugrunde gelegt werden, gilt es nun, das daraus resultierende Arbeitsprogramm abzuarbeiten. Daraus folgt, dass dazu an dieser Stelle keine spezifischen Aussagen gemacht werden können. Gleichwohl lassen sich eine Reihe allgemeiner Hinweise geben, die für alle Vorgehensweisen mehr oder weniger gleichermaßen gelten.

Zunächst soll die Frage beantwortet werden, warum das Kapitel hier mit den Begriffen Synthese und Analyse überschrieben ist. Zwar kann die Überschrift einer spezifischen Abschlussarbeit auch anders lauten, solange sie den Kern der folgenden Ausführungen trifft, doch die hier gewählten Begriffe verweisen auf einen Sachverhalt, der für Problemlösungsprozesse eine gewisse Allgemeingültigkeit beansprucht.

Ausgangspunkt der Erklärung ist die Feststellung, dass die Lösung eines Problems stets ein kreativer Prozess ist. Um die damit verbundene Vorgehensweise zu verstehen, ist es hilfreich, zu erläutern, was Kreativität ist. Allerdings ist die Definition dieses Begriffs ebenso umstritten wie die Definition nahezu aller Begriffe, die nicht nur der Verständigung, sondern auch und vor allem der Erkenntnisgewinnung dienen sollen. Angesichts des Ziels, hier nur die Gliederung wissenschaftlicher Abschlussarbeiten zu erläutern, würde die Erarbeitung einer eines eigenen Verständnisses von Kreativität an dieser Stelle zu weit führen. Dies gilt umso mehr, als dabei zahlreiche und sehr unterschiedliche Aspekte aus Psychologie, Neurobiologie, Erkenntnistheorie, Philosophie (vgl. Heller 1992, 134) und Soziologie berücksichtigt werden müssten. Daher sollen sich die folgenden Ausführungen dazu lediglich auf einige der bekannten Positionen stützen, die in der jüngeren Vergangenheit publiziert wurden (vgl. ebd.).

Danach wird Kreativität als Wechselspiel zwischen Personen und ihrer Umwelt aufgefasst (vgl. ebd., 136; Haberfellner et al. 2012, 238 f.), bei dem beide Seiten bestimmte Merkmale aufweisen müssen. So beobachtet man bei kreativen Personen insbesondere (1) eine besondere Problemsensitivität, also die Fähigkeit, die richtigen Fragen zu stellen, (2) eine sogenannte Flüssigkeit, die die Fähigkeit zum Ausdruck bringen soll, viele unterschiedliche Ideen, Symbole und Bilder zu erzeugen und Assoziationen zwischen ihnen herzustellen, (3) Flexibilität im Hinblick auf die Fähigkeit und Bereitschaft, vorherrschende Denkschemata zu überwinden, und (4) Originalität im Sinne einer Fähigkeit, außergewöhnliche, seltene, clevere Lösungsvorschläge zu unterbreiten (vgl. ebd., 135). Darüber hinaus muss eine kreative Person immer auch über ein gutes fachliches Wissen verfügen, da dies quasi das Reservoir darstellt, aus dem neue Ideen geschöpft werden können (vgl. ebd., 136, 141; Haberfellner et al. 2012, 238). Die Umwelt muss anregend sein und Kreativität unterstützen (vgl. ebd.). Darüber hinaus muss Zeit zur Verfügung stehen, damit sich Kreativität entfalten kann.

Der kreative Prozess ergibt sich nun zum einen aus dem Wechselspiel zwischen Person und Umwelt, zum anderen aus wechselnden Denkrichtungen (Facaoaru 1985; Weisberg 1986, zitiert nach Heller 1992, 137, 141), die Guilford (1967) als divergierende und konvergierende Denkrichtungen bezeichnet hat.

5.5.1 Synthese im Sinne divergierenden Denkens

Divergierendes Denken ist eng mit den oben genannten Merkmalen kreativer Personen verbunden (vgl. Heller 1992, 141) und zielt auf die Ausweitung des Betrachtungshorizonts, auf eine Generierung einer möglichst großen Zahl von Lösungsmöglichkeiten. Im Systems Engineering wird daraus das Prinzip der Variantenbildung abgeleitet (vgl. Haberfellner et al. 2012, 61 ff.; 241 ff.) und mit einer prinzipiellen Vorgehensweise vom Groben zum Detail verbunden (vgl. ebd., 58 ff.).

Um diese Vorgehensweise zu verstehen, ist es hilfreich, sich über das zu verständigen, was gemeinhin mit Optimierung bezeichnet wird. Ein Optimum anzustreben, bedeutet, ein Ziel bestmöglich zu erreichen. Bestmöglich heißt in diesem Zusammenhang, dass dabei bestimmte Randbedingungen zu berücksichtigen sind. In dieser Hinsicht unterscheidet sich das Optimum vom Ideal, da Letzteres das denkbar Beste meint und damit keine Rücksicht auf die Realität nimmt. Insofern basiert ein Optimum in der Regel auf Kompromissen und/oder Prioritäten.

Optimierung kann nun prinzipiell auf zwei verschiedenen Wegen erfolgen. Zum einen kann man ein Optimierungsproblem algorithmisch formulieren, berechnen und die Optimalität der Lösung mathematisch beweisen. Derartige quantitative Methoden werden z. B. im Rahmen des operations research angewendet (vgl. z. B. Domschke/Drexl 2011). Ihr Vorteil liegt u. a. darin, dass sie Optima exakt berechnen können. Dadurch erfüllen sie das aus wissenschaftlicher Sicht wichtige Kriterium der Reproduzierbarkeit. Allerdings müssen die Randbedingungen, unter denen die Lösung gilt, zumeist so eng gesetzt werden, und auch die Anzahl der Parameter, die in die Berechnung einbezogen werden können, ist in der Regel sehr klein. Dadurch ist der Abstraktionsgrad sehr hoch, sodass eine Übertragung von Lösungen auf die Realität nur eingeschränkt möglich ist.

Zum anderen lässt sich ein Optimum mithilfe qualitativer Verfahren erreichen. Dazu ist es allerdings erforderlich, das Ziel aufzugeben, ein absolutes Optimum zu erreichen und dies auch beweisen zu können.

Stattdessen lassen sich mithilfe qualitativer Verfahren nur relative Optima erreichen. Das bedeutet zweierlei: (1) Relativ bedeutet explizit, dass eine optimale Lösung lediglich besser ist als alternative Lösungen, beispielsweise die bestehende Lösung. (2) Relativ bedeutet implizit auch, dass es in der Regel mehrere mögliche Lösungen gibt.

Vor diesem Hintergrund zielt das divergierende Denken darauf, mehrere prinzipiell mögliche Lösungsvarianten zu entwerfen. Das wird im Systems Engineering als Synthese bezeichnet (vgl. Haberfellner et al. 2012, 78, 241). Maßstab für die Optimalität einer Lösung ist in diesem Fall nicht ein absoluter Maßstab, sondern der Vergleich mit anderen möglichen Lösungen, um auf dieser Basis die relativ beste Lösung zu ermitteln.

Ergebnis der Synthese ist eine gewisse Anzahl von Lösungsmöglichkeiten. Diese Lösungen sollten nach geeigneten Kriterien geordnet und so dargestellt werden, dass sie hinsichtlich ihrer wesentlichen Merkmale deutlich werden (vgl. Haberfellner et al. 2012, 256 ff.).

Quantität ist in diesem Stadium wichtiger als Qualität. Insbesondere sind auch ungewöhnliche Ideen willkommen, da sie das oben genannte Kriterium der Originalität erfüllen. Aus wissenschaftlicher Sicht ist nur zu fordern, dass die Lösungen das sogenannte Popper-Kriterium erfüllen, also falsifizierbar sind. Sie müssen so formuliert sein, dass sie an der Wirklichkeit scheitern können (vgl. Schurz 2008, 15, 27), also empirisch überprüft werden können.

5.5.2 Analyse im Sinne konvergierenden Denkens

Im Gegensatz zum divergierenden Denken zielt das konvergierende Denken darauf, Lösungen kritisch zu hinterfragen (vgl. Guilford 1967). Während die Synthese konstruktiv ist, kann man die Analyse als destruktiv bezeichnen (vgl. Haberfellner et al. 2012, 251), was allerdings nicht negativ gemeint ist, sondern einen wichtigen Verfahrensschritt charakterisiert.

Ziel der Analyse ist es, Ansatzpunkte zur Verbesserung der vorliegenden Lösungen oder Argumente zu finden, die das Ausscheiden von Lösungen aus dem weiteren Problemlösungsprozess begründen. Während die Synthese auf die Ausweitung des Lösungsraums zielt, besteht die Aufgabe der Analyse darin, diesen Lösungsraum wieder zu begrenzen. Dabei geht es allerdings ausdrücklich noch nicht um eine vergleichende Bewertung der Lösungsvarianten, sondern lediglich um die kritische Überprüfung der Tauglichkeit jeder Variante für sich (vgl. Haberfellner et al. 2012, 251).

Grundsätzlich kann die kritische Analyse sowohl intuitiv als auch formal erfolgen (vgl. ebd., 252). Bei der intuitiven Vorgehensweise sind das Aufkommen einer Idee und die Kritik daran miteinander verkoppelt. Mit dem Einfall kommt zugleich auch die Skepsis auf, ob und ggf. inwieweit er weiterführend ist. Wenn die Skepsis dominiert, spricht man in diesem Zusammenhang auch von Denkblockaden. Abgesehen von solchen Denkblockaden hat die zumeist unbewusste Verknüpfung von Synthese und Analyse sowohl Vorteile als auch Nachteile. Vorteilhaft ist, dass die Kritik befruchtend wirken und „zu Verbesserungen bzw. zu ganz neuen Ideen führen kann. Das negative ist darin zu sehen, dass Lösungsideen ohne nähere Auseinandersetzung als ungeeignet oder unbrauchbar abqualifiziert werden“ (ebd.).

Das kann bei einer formalen Analyse, die von der Synthese nach dem „Prinzip des aufgeschobenen Urteils“ (vgl. ebd., 79) zeitlich und inhaltlich streng getrennt wird, nicht so leicht geschehen. Grund dafür ist, dass eine solche Analyse bewusst und systematisch durchgeführt werden kann (vgl. ebd., 252).

Im Einzelnen sollte die Analyse der Lösungsvarianten nach möglichst klaren Kriterien erfolgen. Beispielhaft seien dazu die Kriterien genannt, die Haberfellner et al. (vgl. ebd.) angeben:

- Analyse formaler Aspekte. Dazu gehört z. B. die Beurteilbarkeit (Popper-Kriterium) oder die Erfüllung der Muss-Ziele.
- Analyse der Integrierbarkeit. Damit ist eine wirkungsbezogene Betrachtung gemeint, also quasi der Blick nach außen.
- Analyse der Funktionen und Abläufe. Dies entspricht quasi dem Blick nach innen.
- Analyse der Betriebstüchtigkeit. Damit sind Aspekte wie z. B. die Benutzungs- und Wartungsfreundlichkeit oder die Sicherheit und Zuverlässigkeit einer technischen Lösung gemeint.
- Analyse der Voraussetzungen und Bedingungen.
- Analyse der Konsequenzen. Das betrifft z. B. Aspekte wie Sozial- und Umweltverträglichkeit.

5.5.3 Iteration und zunehmende Konkretisierung

Der Wechsel zwischen Synthese und Analyse entspricht exakt der Vorgehensweise, die mit dem kritischen Rationalismus verbunden ist: „Für einen erklärungsbedürftigen Kausalzusammenhang, d. h. ein in der Realität beobachtetes Problem, formuliert man Lösungsvorschläge in Gestalt von Hypothesen. [...] Durch empirische Tests werden dann ggf. einige Hypothesen falsifiziert und damit eliminiert. Ziel dieser Vorgehensweise ist es, durch das ständige Bilden und Eliminieren von Hypothesen Gesetzesaussagen zu finden, die sich in der Realität bewährt haben (= ‚nomologische Hypothesen')" (Kornmeier 2007, 42).

Das Systems Engineering empfiehlt dazu ein Vorgehen vom Groben zum Detail (vgl. Haberfellner et al. 2012, 58 ff.). In der Praxis habe sich zwar eine Macher-Mentalität etabliert, nach der vor allem diejenigen als gute Problemlöser gelten würden, die „möglichst rasch konkrete Lösungsvorschläge vorlegen können“ (ebd., 58). Damit würden sie scheinbar die Voraussetzungen dafür schaffen, „sich schon bald den allseits beliebten Detailfragen zuwenden zu können, in denen bekanntlich der Teufel steckt“ (ebd.). Ein solches Vorgehen sei jedoch nur bei überschaubaren Problemen geeignet. Komplexe Probleme würden dagegen zunächst die Erarbeitung eines Gesamtkonzepts erfordern, das in der Folge über mehrere Konkretisierungsstufen hinweg detailliert werden müsse.

In diesem Sinne wechseln sich Synthese und Analyse mehrfach und mit zunehmender Konkretisierung einander ab. Das erinnert an das zirkuläre bzw. spiralförmige Vorgehen, das dem hermeneutischen Ansatz zugrunde liegt, und zeigt, dass die wissenschaftlichen Ansätze an sich gar nicht so unterschiedlich sind, wie oft behauptet wird.

Das zyklische Vorgehen, das mit dem Problemlösungszyklus verbunden ist, beschränkt sich allerdings nicht nur auf die Synthese und Analyse von Lösungen. So können die Erkenntnisse, die bei diesem Wechselspiel gewonnen werden, durchaus weiter reichen und z. B. dazu führen, dass die Ziele, die in der Phase der Zielformulierung festgelegt wurden, noch einmal überdacht werden müssen. In diesem Fall erfolgt ein Rücksprung in diese Phase (siehe Abb. 8). Darüber hinaus sind solche Rücksprünge auch in andere Phasen möglich, was in jedem Fall das nochmalige Durchlaufen aller nachfolgenden Phasen nach sich zieht.

Die Nähe zum hermeneutischen Zirkel wurde schon angesprochen. Daran anknüpfend lässt sich konkretisierend feststellen, dass die hermeneutische Methode in dieser Phase des Problemlösungszyklus unmittelbar zur Anwendung kommt. Insoweit ist sie quasi eingebettet in die vorausgehenden Phasen der Situationsanalyse, der Zielformulierung und der Methodenwahl und bildet einen inneren Kreis. Doch auch in diesem Zusammenhang gilt, dass der Kreis vergrößert werden und auf die vorausgehenden Phasen ausgedehnt werden kann, wenn der Erkenntnisfortschritt dies erfordert.

Nicht ganz so naheliegend erscheint das mit dem Problemlösungszyklus verbundene zyklische Vorgehen im Zusammenhang mit der dialektischen Methode. Wir erinnern uns: dabei gilt es, These und Antithese einander gegenüberzustellen und daraus im Zuge eines Diskurses eine Synthese zu entwickeln. Bei näherer Betrachtung zeigt sich aber auch hier, dass der Zyklus als Prozessmodell den dialektischen Erkenntnisprozess durchaus systematisieren kann. Immerhin stehen Argumente, die die These oder die Antithese stützen, zumeist nicht monolithisch für sich, sondern bauen aufeinander auf, bilden Argumentationsfolgen und beinhalten Verweisungen, sodass nicht selten ganze Netzwerke aus Argumenten entstehen. Vor allem der Netzwerkcharakter von Argumentensystemen bringt oft auch Rückverweisungen mit sich, die sich durch ein zyklisches Vorgehen gut erschließen lassen. Und auch hier gilt, dass der Kreis vergrößert werden und auf die vorausgehenden Phasen ausgedehnt werden kann, wenn der Erkenntnisfortschritt dies erfordert.

Die Beschreibung derartiger Zyklen kann bei der Dokumentation einer wissenschaftlichen Abschlussarbeit allerdings zu Verwirrung führen. Um das zu vermeiden, kann man u. U. auf die detaillierte, chronologische Beschreibung der einzelnen Durchläufe ganz verzichten. In diesem Fall wird lediglich der Durchlauf dokumentiert, der schließlich zum Ziel führte. Erscheint eine so weitgehende Reduzierung der Dokumentation des Erkenntnisprozesses nicht angebracht, so können die einzelnen Durchläufe zusammenfassend dargestellt werden. Dabei kommt es maßgeblich auf die Systematik an, die der Zusammenfassung zugrunde gelegt wird, denn nun gilt es, den Überblick zu bewahren. Das gilt ganz besonders für den Fall, dass der Erkenntnisprozess mit seinen einzelnen Zyklen tatsächlich im Einzelnen dargelegt werden soll. In diesem Fall kommt es entscheidend darauf an, quasi Navigationshilfen anzubieten, anhand derer der Leser erkennen kann, an welcher Stelle des Erkenntnisprozesses er sich gerade befindet.

Ergebnis der Synthese und Analyse von Problemlösungen sind Lösungsvarianten, die jede für sich prinzipiell tauglich sind. Das heißt, dass sie die formalen Anforderungen wie z. B. die empirische Überprüfbarkeit (Popper-Kriterium) erfüllen, dass sie in bereits bestehende Lösungen integriert werden können, in sich sicher und zuverlässig funktionieren, dass die Voraussetzungen und Bedingungen bekannt sind, die erfüllt sein müssen, damit sie umgesetzt werden können, und dass die Konsequenzen bekannt und akzeptabel sind, die aus ihrer Umsetzung resultieren.

5.6 Bewertung und Entscheidung

Die Bewertung der Lösungsvarianten, die aus der Synthese und Analyse hervorgegangen sind, erfolgt auf der Basis der zuvor definierten Ziele. Von diesen wurden in der vorausgegangenen Phase im Zuge der Analyse lediglich die Muss-Ziele berücksichtigt. Darüber hinaus wurden die Lösungsvarianten in der vorausgegangenen Phase nur jeweils für sich geprüft. Anknüpfend an das, was im vorausgegangenen Abschnitt über die qualitative Optimierung gesagt wurde, geht es in dieser Phase nun um eine vergleichende Bewertung, mit dem Ziel, die relativ beste Variante zu identifizieren (vgl. Haberfellner et al. 2012, 263 ff.).

Die Wahl eines geeigneten Bewertungsverfahrens hängt wesentlich davon ab, in welchem Wissensgebiet die Abschlussarbeit angefertigt wird. Bei geisteswissenschaftlichen Arbeiten werden vor allem argumentative Diskussionen sinnvoll sein. Methodisch kann diese Diskussion z. B. durch die sogenannten Argumentenbilanz unterstützt werden (vgl. Haberfellner et al. 2012, 269). Ein Vergleich technischer Lösungsvarianten kann z. B. mithilfe der Nutzwertanalyse durchgeführt werden (vgl. Böhm 2005, 240 ff.). Wirtschaftswissenschaftliche Arbeiten werden Verfahren wie den Entscheidungsbaum (vgl. ebd., 246 ff.) oder die Kosten-Nutzen-Analyse (vgl. ebd., 249 f.) einsetzen. Die damit verbundene Vorgehensweise ergibt sich aus dem jeweiligen Verfahren.

Die Bewertung kann insbesondere auch darin bestehen, die Lösungsvarianten praktisch anzuwenden und auf diese Weise empirisch zu prüfen. Dies wird im Rahmen von Abschlussarbeiten aus Aufwandsgründen allerdings in der Regel nur exemplarisch erfolgen können. Umso mehr kommt es darauf an, die praktischen Situationen, in denen sich die Varianten bewähren sollen, so zu gestalten, dass die Ergebnisse nachvollziehbar und glaubwürdig sind. Darüber hinaus müssen auch bei einer solchen Art der Bewertung die Ziele, die im Rahmen der Zielformulierung definiert wurden, erkennbar zugrunde gelegt werden.

Ergebnis der Bewertung ist eine Rangfolge der Lösungsvarianten, bei der die relativ beste Variante an der ersten Position steht. Die Relativität der Optimalität trägt der Einsicht Karl Poppers Rechnung, dass jede Problemlösung prinzipiell unvollkommen bleiben muss (1976).

Wählt man als Analogie eine mathematische Formel, so bilden die Zielformulierung und die Bewertung der Lösungen die innere Klammer einer wissenschaftlichen Abschlussarbeit. Daher trägt es zur Klarheit der Ergebnisse bei, wenn das Schließen der mit der Zielformulierung geöffneten Klammer im Zusammenhang mit der Lösungsbewertung deutlich wird. Zu diesem Zweck kann man die Ziele an dieser Stelle einzeln aufrufen und darauf bezogen darlegen, ob und ggf. inwieweit sie erreicht wurden. Analog gilt dies für den Fall, dass die Ziele in Form von Forschungsfragen formuliert wurden, auf die nun Antworten vorliegen sollten. Formal kann es hilfreich sein, diese Gegenüberstellung auch durch eine hervorhebende Formatierung, durch eine Grafik o. Ä. zu betonen.

Dazu gehört auch, aufzuzeigen, ob und ggf. in welchem Ausmaß Ziele nicht erreicht, Fragen nicht beantwortet werden konnten. Wenn und soweit die Gründe dafür bekannt sind, sollten diese angegeben werden, um denjenigen, die möglicherweise versuchen wollen, die Lücken zu schließen, Hilfestellungen an die Hand zu geben.

Nach Vorliegen der Rangfolge der Lösungsvarianten sieht der Problemlösungszyklus eine Entscheidung vor. Insofern wird die Bewertung als Vorbereitung der Entscheidung aufgefasst. Dieser Aspekt wird hier einbezogen, weil die Entscheidung quasi die Schnittstelle zum Verwertungszusammenhang darstellt, wobei sie – genau genommen – bereits Teil dieses Verwertungszusammenhangs und damit nicht mehr Bestandteil einer wissenschaftlichen Abschlussarbeit ist.

Haberfellner et al. (vgl. 2012, 264 ff.) beschreiben Entscheidungen als Barrieren, die durch den Entschluss überwunden werden, künftige Handlungen auf der Grundlage bestimmter Erkenntnisse durchzuführen. Da sich eine wissenschaftliche Arbeit im Allgemeinen nicht nur an denjenigen richtet, der sie durchführt, sondern auch und vor allem an Dritte, muss es in Gesellschaften mit einer freiheitlichen Grundordnung jedem Einzelnen überlassen werden, woran er seine Handlungen orientiert, solange dadurch nicht die Freiheit anderer beeinträchtigt wird. Allerdings resultiert aus der Freiheit stets auch die Verantwortung, und zu ihr gehört Informiertheit, denn Unwissenheit ist, wie der Volksmund bereits seit der Antike weiß, nur ein begrenzter

Schutz davor, für negative Folgen seines Handelns oder Unterlassens nicht eintreten zu müssen – ignorantia legis non excusat.

5.7 Zusammenfassung und Ausblick

Eine Zusammenfassung einer wissenschaftlichen Abschlussarbeit soll die Ergebnisse noch einmal kurz und übersichtlich darstellen. Das darf allerdings nicht, wie Rossig und Prätsch meinen, aus rein rhetorischen Gründen erfolgen (2008, 91), denn dadurch würde sich eine Lektüre erübrigen und diejenigen, die das Kapitel trotzdem lesen, würden mit dem unguten Gefühl entlassen, am Ende unnötige Zeit investiert zu haben. Und in jeder Hinsicht abwegig erscheint die Einschätzung von Theisen, dass eine Zusammenfassung ebenso wie eine Einleitung vollkommen entbehrlich ist (2009, 133). Tatsächlich hat die Zusammenfassung den wesentlichen Zweck, darzulegen, in welchem Ausmaß die Ziele der Arbeit erreicht wurden und ob sowie ggf. in welchem Umfang Fragen offengeblieben oder neue Fragen zutage getreten sind.

Während die Zielformulierung zusammen mit der Bewertung und Entscheidung in Analogie zu mathematischen Formeln eine Art innere Klammer bildet, ergibt sich die äußere Klammer durch die Einleitung (Anlass) und die Zusammenfassung. Vor diesem Hintergrund sollen die Ergebnisse an dieser Stelle mit der Ausgangssituation in Beziehung gesetzt werden, um den Erkenntnisfortschritt deutlich zu machen (vgl. Samac et al. 2009, 64). Wichtig ist, dass die Zusammenfassung nicht, wie Paetzel fordert (2001, 99), noch einmal den gesamten Problemlösungszyklus quasi im Schnelldurchgang Revue passieren lässt. In dieser Hinsicht ist Esselborn-Krumbiegel beizupflichten, die erklärt, dass tatsächlich nur die wesentlichen Ergebnisse dargestellt werden sollen (2008, 155 f.). Wichtig ist auch der Hinweis von Esselborn-Krumbiegel, dass in der Zusammenfassung keine neuen Aspekte eingeführt werden dürfen (vgl. ebd.).

Ein Ausblick ist beispielsweise sinnvoll, wenn Fragen offengeblieben sind. Das gilt insbesondere dann, wenn sich aus der Arbeit zumindest Ansatzpunkte ableiten lassen, die eine zukünftige Beantwortung der offengebliebenen Fragen möglich erscheinen lassen. In diesem Fall ist es hilfreich, diese Ansatzpunkte konkret zu benennen.

Wenn man an dieser Stelle noch einmal das Beispiel des Zahnarztbesuchs heranzieht, so gilt es am Ende der Behandlung, festzustellen, dass die Schmerzen, die zu diesem Besuch den Anlass gaben, nun im Idealfall beseitigt sind, oder dass für den Fall, dass die Behandlung selbst noch Nachwirkungen zeigt, die Beseitigung der Schmerzen zumindest erwartet werden kann. Dazu kann es erforderlich sein, dass der Arzt seinem Patienten am Ende noch bestimmte Verhaltensregeln mit auf den Weg gibt, so z. B., dass keine heißen oder kalten Lebensmittel verzehrt werden sollen, solange die Wirkung der Narkose anhält, da dies infolge der Schmerzunempfindlichkeit Verbrennungen oder Erfrierungen mit sich bringen kann. Auch kann der Arzt z. B. eine Prognose abgeben, nach welcher Zeit die Narkose abgeklungen sein wird. Und vielleicht wird er dem Patienten auch noch ein Rezept ausstellen, um den weiteren Genesungsprozess medikamentös zu unterstützen.

Analog zu solchen abschließenden Maßnahmen kann auch die Zusammenfassung einer wissenschaftlichen Abschlussarbeit noch ergänzende Hinweise geben, beispielsweise zum Erfordernis weitergehender empirischer Überprüfungen der entwickelten Lösung, für den Fall, dass diese z. B. aus Aufwandsgründen nur in begrenztem Umfang möglich waren. Wichtig ist an dieser Stelle allerdings der Hinweis, dass auf diesem Wege keine völlig neuen Aspekte eingeführt werden sollen (s. o.).

6 Bewertung

Das Vorgehensmodell zur Anfertigung wissenschaftlicher Abschlussarbeiten, das zugleich auch deren Gliederung darstellt, soll nun einer kritischen Prüfung unterzogen werden. Im Sinne des kritischen Rationalismus muss es sich in der Praxis bewähren. Dazu bedarf es einer empirischen Untersuchung. Weiterhin wurde in Abschnitt 5.3 erläutert, dass die Logik der Argumentation einer wissenschaftlichen Arbeit u. a. durch die Anwendbarkeit mathematischer Regeln zum Ausdruck kommt. Im vorliegenden Fall wurden die Klammerregeln herangezogen, um zu erklären, dass mit der Zielformulierung in Kapitel 3 quasi eine innere Klammer geöffnet wurde und nun in Kapitel 6 durch die Bewertung ihrer Ergebnisse wieder geschlossen werden soll, wobei die Ziele als Bewertungsmaßstab dienen. Vor diesem Hintergrund folgt nun zunächst die empirische Prüfung, an die sich die Bewertung anhand der Ziele anschließt.

6.1 Empirische Prüfung

Für eine empirische Prüfung werden Beispiele aus der Praxis benötigt. Im Hinblick darauf wäre es nun relativ leicht, Abschlussarbeiten zu finden, deren Gliederung nicht in jeder Hinsicht gelungen ist, und vorzuführen, dass und wie eine bessere Gliederung möglich gewesen wäre. Doch damit würde man sich die Arbeit möglicherweise zu leicht machen. Um das zu vermeiden, soll der vorliegende Band selbst als Praxisbeispiel herhalten.

Zu diesem Zweck wurde er bewusst selbstreferenziell angelegt (vgl. Hauthal et al. 2007). Am einfachsten lässt sich diese Selbstreferenz anhand des Inhaltsverzeichnisses erkennen: die Struktur der gesamten

Arbeit ist in Kapitel 5, in dem die Lösung des untersuchten Problems entwickelt wird, noch einmal vollständig enthalten.

Anhand der Gliederung der vorliegenden Arbeit soll nun also geprüft werden, ob sie bei kritischer Betrachtung Defizite offenbart. Dazu soll sie in einem ersten Schritt noch einmal mit der Gliederung nach dem Schema Einleitung, Hauptteil und Schluss verglichen werden, wie sie von zahlreichen Ratgebern zur Anfertigung wissenschaftlicher Abschlussarbeiten empfohlen wird.

Ein schon auf den ersten Blick erkennbarer Unterschied zwischen den beiden Gliederungskonzepten besteht darin, dass das von den Ratgebern empfohlene Schema deutlich einfacher aufgebaut ist als das hier verwendete Schema. Daraus kann man beim empfohlenen Schema hinsichtlich der konkreten Ausgestaltung einer Abschlussarbeit eine größere Flexibilität ableiten. Diese Flexibilität kann man für nützlich halten, wenn man unterstellt, dass unterschiedliche Themen insbesondere dann, wenn sie unterschiedlichen wissenschaftlichen Disziplinen entspringen, auf unterschiedliche Weise behandelt werden müssen.

Allerdings ließe sich ein solcher Gedanke noch konsequenter zu Ende denken, als dies im Zusammenhang mit dem trivialen Gliederungskonzept zumeist erfolgt, denn es ließe sich fragen, warum es dann überhaupt noch eine Allgemeingültigkeit beanspruchende Gliederungsform geben sollte. Selbst eine Einteilung in Einleitung, Hauptteil und Schluss bringt ja eine Einengung der Flexibilität mit sich.

Von den im Rahmen der Situationsanalyse zitierten Autoren geht allerdings nur Theisen so weit: „Unabhängig von der formalen Gestaltung ist der strukturelle Aufbau einer Arbeit zu beachten, der die innere Logik jeder Gliederung bestimmt. So ist eine Arbeit nicht schon deshalb systematisch aufgebaut, weil sie über die klassischen Schulaufsatz-Bestandteile ‚Einleitung, Hauptteil und Schluss‘ verfügt“

(2009, 131). „Ebenso wie es nicht in jedem Fall einer förmlichen Einleitung bedarf, gibt es auch keine generell gültige Regel über das Erfordernis eines Schlusswortes oder einer Zusammenfassung. Soweit nicht der Aufbau einen abschließenden Teil aus systematischen Gründen zwingend verlangt, liegt diese Entscheidung beim Verfasser bzw. dem Betreuer/Prüfer der Arbeit" (ebd., 133).

Alle anderen zitierten Autoren sind sich darin einig, dass das triviale Gliederungsschema Allgemeingültigkeit beanspruchen kann (vgl. z. B. Borsdorf 2007, 126; Brauner/Vollmer 2008, 81; Heister/Weßler-Poßberg 2007, 18; Karmasin/Ribing 2010, 27; Kornmeier 2012, 97; Paetzel 2001, 97; Rossig/Prätsch 2008, 85 ff.). Wenn es aber zutrifft, dass die Flexibilität bei der Strukturierung einer wissenschaftlichen Abschlussarbeit durch ein allgemeingültiges Schema begrenzt ist, so ist auch die weitergehende Frage zulässig, ob sie durch das triviale Schema hinreichend strukturiert ist.

Die vorliegende Arbeit reiht sich zunächst in jene Arbeiten ein, die von der Existenz und Nützlichkeit eines allgemeingültigen Gliederungsschemas ausgehen. In Abgrenzung zu diesen Arbeiten wird hier jedoch die zuletzt formulierte Frage verneint: das triviale Schema bietet zu wenig Struktur.

Diese Auffassung wurde mit mehreren Argumenten untermauert: (1) Ein erstes Argument berief sich auf die Autorität der Tradition und ist dadurch sicherlich nicht sonderlich schlagkräftig. Mit dem Hinweis auf das Phasenmodell nach dem Schema Entdeckungs-, Begründungs- und Verwertungszusammenhang (vgl. Reichenbach 1938; Borsdorf 2007, 127; Schurz 2008, 48; Friedrichs 1990, 50 f.; Töpfer 2009, 41 ff.) wurde in Erinnerung gerufen, dass die Wissenschaftstheorie ein differenzierteres Schema bereit hält, mit dem das hier entwickelte Vorgehensmodell kompatibel ist, während das triviale Schema dazu zwar nicht im Widerspruch steht, zugleich aber auch so gut wie jede andere Ausgestaltung zulässt.

Ein zweites Argument (2) beruft sich auf eben jene Beliebigkeit, die gerade schon in Anschlag gebracht wurde. Anhand von Tabelle 1 wurde transparent gemacht, dass die Ratgeber zur Anfertigung wissenschaftlicher Abschlussarbeiten innerhalb des trivialen Gliederungsschemas zu signifikant unterschiedlichen Aussagen zur Konkretisierung der Inhalte der drei Teile kommen. Das wird vor allem an dem sogenannten Theorieteil deutlich, den einige als eigenständigen, vierten Teil auffassen (vgl. z. B. Kornmeier 2012, 107 ff.), während andere ihn in die übrigen drei Teile einordnen (vgl. z. B. Heister/Weßler-Poßberg 2007, 18 f.), ohne jedoch immer angeben zu können, ob er nun Teil der Einleitung oder Teil des Hauptteils sein soll (vgl. Karmasin/Ribing 2010, 27, 80).

Dass diese Beliebigkeit, die vom trivialen Gliederungsschema ermöglicht wird, nicht etwa als Hilfe, sondern überwiegend als Problem wahrgenommen wird, wurde durch die Ergebnisse einer systematischen Befragung von Studierenden bestätigt. Sie führt dazu, dass die Gliederung wissenschaftlicher Abschlussarbeiten überwiegend als schwierig empfunden wird, viel Zeit in Anspruch nimmt und häufig noch während der Anfertigung der Arbeiten immer wieder umgestellt wird. Im Gegensatz bestätigten Studierende, die ihre Abschlussarbeiten bereits nach dem hier entwickelten Vorgehensmodell strukturierten, dadurch deutlich besser zurechtgekommen zu sein. Die Zahl dieser Studierenden ist jedoch zum Zeitpunkt der Drucklegung der vorliegenden Arbeit noch zu klein, als dass eine systematische Befragung statistisch aussagekräftige Ergebnisse erwarten lässt.

Ein dritter Ansatz (3) löste sich von der Autorität der Tradition (1) und suchte durch eine eigenständige, logische Argumentation zu begründen, warum eine weitergehende Strukturierung sowohl auf der Basis des tradierten Phasenmodells als auch auf der Basis des vom Problemlösungszyklus abgeleiteten Vorgehensmodells sinnvoll und nützlich ist. In diesem Zusammenhang sei hier vor allem noch einmal darauf hingewiesen, dass sich das triviale Schema nur zur Gliederung von Texten verwenden lässt, während die beiden anderen Modelle darüber hinaus auch eine Anleitung zur Abwicklung von Forschungsprojekten darstellen: nicht nur die Struktur des Seins, auch den Prozess des Werdens kann man danach gestalten.

Zusammenfassend lässt sich feststellen, dass die Forderung nach einer hinreichenden Flexibilität eines Gliederungsschemas grundsätzlich zulässig erscheint. Zugleich kommt die vorliegende Arbeit ebenso wie die meisten anderen Arbeiten zu dem Ergebnis, dass jede wissenschaftliche Abschlussarbeit einem allgemeingültigen Schema folgt. Weiterhin löst sich die vorliegende Arbeit von den Ratgebern zur Anfertigung solcher Arbeiten und fordert – noch immer im Einvernehmen mit dem tradierten, wissenschaftstheoretisch begründeten Phasenmodell nach dem Schema Entdeckungs-, Begründungs- und Verwertungszusammenhang – eine weitergehende Strukturierung auf der Basis des aus dem Systems Engineering bekannten Problemlösungszyklus. Dass die Flexibilität dadurch nicht über ein akzeptables Maß hinaus eingeschränkt wird, wurde anhand verschiedener Arten des wissenschaftlichen Argumentierens und Schließens wie dem induktiv-deduktiven Schema (siehe Abb. 4), dem hermeneutischen Zirkel (siehe Abb. 5) und der Dialektik (siehe Abb. 6) zu zeigen versucht.

Vor diesem Hintergrund soll das Argument einer zu starken Begrenzung der Flexibilität, die mit dem hier entwickelten Vorgehensmodell und damit aufgrund der Kompatibilität zugleich auch mit dem tradierten Phasenmodell einhergehen könnte, zurückgewiesen werden.

Eine zweite Möglichkeit der Kritik sowohl an dem hier entwickelten als auch am tradierten Phasenmodell ließe sich an der Reihenfolge der Phasen festmachen. Daher soll das hier entwickelte Gliederungsschema zwei unterschiedlichen Alternativen gegenübergestellt werden, um die Vor- und Nachteile zu diskutieren. Die erste Alternative hat ihren Ursprung ebenso wie das hier entwickelte Schema im Projektmanagement, während als zweite Alternative eine Anleitung zur Anfertigung wissenschaftlicher Abschlussarbeiten gewählt wurde, die nur am Rande auf das triviale Gliederungsschema setzt und darüber hinaus ein Schema empfiehlt, das ähnlich differenziert ist wie das hier entwickelte Schema.

Konkret handelt es sich bei der ersten Alternative um den DMAIC-Zyklus, der im Rahmen der Six-Sigma-Methodensammlung verwendet wird (vgl. Toutenburg/Knöpfel 2009, 37 ff.), um Probleme zu lösen. Für eine Gegenüberstellung mit dem hier entwickelten Vorgehensmodell ist dieser Zyklus deshalb besonders geeignet, weil er erstens weltweit sehr populär ist und weil er zweitens signifikante Unterschiede aufzuweisen scheint, und zwar insbesondere bei der Aufeinanderfolge von Situationsanalyse und Zielformulierung.

Die Abkürzung DMAIC steht für die Phasen, die bei der Anwendung der Six-Sigma-Methodensammlung aufeinanderfolgen: (1) Define, (2) Measure, (3) Analyze, (4) Improve und (5) Control. Die Define-Phase beinhaltet neben der Identifizierung des Problems auch die Festlegung der Ziele im Hinblick auf den Sollzustand (vgl. ebd., 43 ff.). Bei näherer Betrachtung zeigt sich allerdings, dass dies nicht im Widerspruch zu dem hier entwickelten Vorgehensmodell steht.

Auch dieses Modell berücksichtigt, dass bereits mit der Wahrnehmung eines Problems das Ziel verbunden ist, das Problem zu lösen. Auch wird nicht grundsätzlich verneint, dass es in dieser frühen Phase bereits gewisse Vorstellungen über die Richtung gibt, in die eine Lösung gehen kann. Entscheidend dafür, die eigentliche Zielformulierung erst auf der Grundlage einer eingehenden Situationsanalyse vorzunehmen, ist die Erkenntnis, dass die Zielvorstellungen vor einer solchen Analyse nicht konkret genug angegeben werden können, um auf dieser Grundlage Lösungen zu entwickeln und diese abschließend bewerten zu können.

Dass diese Einsicht tatsächlich auch dem DMAIC-Zyklus zugrunde liegt, wird daran deutlich, dass die Quantifizierung der Ziele erst gegen Ende der dritten Phase vorgesehen ist, in der die erhobenen Daten ausgewertet werden sollen (vgl. ebd., 209). Bei näherer Betrachtung zeigt sich also, dass zwischen dem hier angewendeten Problemlösungszyklus des Systems Engineering und dem DMAIC-Zyklus aus der Six-Sigma-Methodensammlung in dieser Hinsicht bei näherer Betrachtung kein Widerspruch besteht.

Bleibt man bei der Gegenüberstellung dieser beiden Vorgehensmodelle, so ließe sich auch die Aufteilung der Situationsanalyse in die (2) Measure-Phase und die (3) Analyze-Phase als Ansatzpunkt für eine Kritik an dem hier entwickelten Modell nutzen. Doch auch in dieser Hinsicht würde eine solche Kritik ins Leere gehen, wenn man sich an den Hinweis in Abschnitt 4.1 erinnert, dass der Detaillierungsgrad der konkreten Kapitel und Abschnitte einer Abschlussarbeit frei gewählt werden kann, solange die Reihenfolge grundsätzlich erhalten bleibt. Das ist bei der Aufeinanderfolge der (2) Datenerhebung und der (3) Datenanalyse, die vom DMAIC-Zyklus vorgegeben wird, durchaus der Fall. Insofern lässt sich auch in dieser Hinsicht kein Keil zwischen diesen Zyklus und den hier zugrunde gelegten Problemlösungszyklus treiben.

Diese Gegenüberstellung ließe sich weiter fortsetzen, ohne jedoch Anhaltspunkte zu finden, die bei eingehender Betrachtung signifikante Unterschiede erkennen lassen und dadurch die Ableitung einer Kritik an dem hier entwickelten Vorgehensmodell ermöglichen würden. Und das gilt auch für andere Vorgehensmodelle (vgl. Böhm 2005).

Die nun folgende Prüfung des entwickelten Gliederungskonzepts macht sich die Feststellung zunutze, dass nicht alle Ratgeber zur Anfertigung wissenschaftlicher Abschlussarbeiten das triviale Gliederungsschema empfehlen. Exemplarisch soll im Folgenden das Konzept von Töpfer (2009) herangezogen werden, um das eigene Konzept anhand einer ähnlich differenzierten Alternative kritisch zu hinterfragen.

Zunächst ist zu würdigen, dass sich auch Töpfer auf das wissenschaftstheoretische Gliederungskonzept nach dem Schema Entdeckungs-, Begründungs- und Verwertungszusammenhang stützt (vgl. ebd., 41 ff.). Allerdings wird sich zeigen, dass er sich nicht konsequent daran hält, ohne jedoch die Abweichungen zu begründen.

Als Modell bietet Töpfer das sogenannte Haus der Wissenschaft an, das im Wesentlichen aus den sechs Ebenen (1) Begriffsdefinitionen, (2) Klassifikation, (3) Deskription, (4) Theorie (Erklärung/Prognose), (5) Technologie und (6) Philosophie besteht, wobei die Definitionen quasi das Fundament und die Philosophie das Dach bilden. Diese Struktur gibt in der Reihenfolge der Ebenen zugleich auch den Prozess des wissenschaftlichen Arbeitens wieder (vgl. ebd., 19).

Dazu stellt Töpfer Strukturierungshilfen vor. Im ersten Schritt empfiehlt er den Entwurf eines Untersuchungsdesigns, dessen Struktur seiner Einschätzung nach dem Ablauf eines allgemeinen Managementprozesses entspricht (vgl. ebd., 23). Folgt man Töpfer, so durchläuft dieser Prozess die Phasen (1) Istsituation, (2) Ziel/Sollsituation,

(3) Einflussfaktoren, (4) Gestaltungs- und Handlungsfelder, (5) Umsetzung und (6) Bewertung der Ergebnisse, wobei sich das zu lösende Problem aus der Differenz der Ist- und der Sollsituation ergibt.

Leider passen die Erläuterungen zu diesem Phasenkonzept nicht zu den Phasen. Und nur am Rande erfährt der Leser, dass der ersten Phase noch ein Problemaufriss vorangehen soll (vgl. ebd., 24). Insofern schafft nur das praktische Beispiel (vgl. ebd., 27) hinreichende Klarheit darüber, was im Einzelnen gemeint ist. Danach soll zunächst (1) die Bedeutung und Praxisrelevanz des Themas erläutert werden. Daran schließt sich (2) die Definition von Begriffen und die Eingrenzung der Untersuchungsinhalte an. Dem folgt (3) ein theoretischer Teil, der wissenschaftliche Grundlagen zur Thematik aufbereiten soll. Auf dieser Basis werden (4) Fälle in der Praxis analysiert, um daraus (5) Typologien und Muster abzuleiten, die genutzt werden, um in der letzten Phase (6) Handlungsempfehlungen zu geben.

Ein Abgleich mit den zuvor empfohlenen Phasenkonzepten zeigt, soweit dies anhand der knappen inhaltlichen Ausführungen beurteilt werden kann, dass sich das Beispiel grundsätzlich an dem sogenannten Haus der Wissenschaft orientiert, hinsichtlich der Kapiteleinteilung allerdings phasenverschoben ist, da die Erläuterung der Bedeutung und Praxisrelevanz des Themas vorangestellt und auf die letzte Phase der Philosophie verzichtet wird. Demgegenüber erscheint ein ähnlicher Abgleich mit dem sogenannten Untersuchungsdesign, das auf einem allgemeinen Managementprozess basieren soll, nicht ohne Weiteres möglich. Daraus wird das Zwischenfazit gezogen, dass für die weiteren Untersuchungen nur das sogenannte Haus der Wissenschaft herangezogen werden kann, und zwar in seiner konkreten Ausprägung, die mit dem von Töpfer angegebenen Praxisbeispiel verfügbar ist.

Schließlich gibt Töpfer eine konkrete Grobstruktur einer Gliederung an (vgl. ebd., 31) und versieht diese sogar mit einer prozentualen Verteilung der jeweiligen Umfänge. Danach soll im ersten Kapitel (1) die Problemstellung dargelegt werden. Dem schließt sich in einem eigenständigen Kapitel (2) die Definition von Begriffen und die Abgrenzung des Themas an. Im dritten Kapitel (3) soll der Stand der Literatur respektive der aktuellen Forschung aufgearbeitet werden. Dies umfasst auch die Behandlung inhaltlicher Bereiche, die mit den Stichworten Definitionen, Beschreibung und Vernetzung konkretisiert werden. Im folgenden Kapitel (4) sollen Ursache-Wirkungs-Beziehungen analysiert werden, aus denen anschließend (5) Schlussfolgerungen und Handlungsempfehlungen für die Praxis abgeleitet werden. Schließlich sollen (6) offene Fragestellungen und weiterer Analyse- und Forschungsbedarf benannt werden. Zwar verzichtet Töpfer weitgehend auf die triviale Einteilung in Einleitung, Hauptteil und Schluss, doch an dieser Stelle ordnet auch er das vierte, fünfte und sechste Kapitel dem Hauptteil sowie das letzte Kapitel dem Schlussteil zu, sodass darauf geschlossen werden kann, dass die ersten drei Kapitel als Einleitung verstanden werden.

Grundsätzlich ist dieser abstrakte Gliederungsvorschlag mit dem zuvor angegebenen Beispiel relativ deckungsgleich, sodass damit eine Grundlage für die hier beabsichtigte Gegenüberstellung gegeben ist.

Beginnen wir diese mit dem ersten Kapitel, so lässt sich unter Vernachlässigung von Details feststellen, dass die von Töpfer geforderte Darlegung der Problemstellung mit dem Anlass vergleichbar ist, der nach dem hier entwickelten Konzept den Auftakt einer wissenschaftlichen Abschlussarbeit bildet.

Doch schon in der zweiten Phase trennen sich die Konzepte, denn wenn es nach Töpfer geht, ist nun zunächst die Definition von Begriffen erforderlich (vgl. ebd., 58 ff.). Folgt man dagegen Friedrichs (vgl. 1990, 52 ff.), auf den auch Töpfer sich beruft (2009, z. B. 41), so erfolgen Begriffsdefinitionen erst im Begründungszusammenhang in Verbindung mit der Formulierung der Hypothesen (siehe Abschnitt 2.2). Insoweit ist Töpfers Konzept in sich nicht schlüssig. Und da sich das hier entwickelte Gliederungskonzept konsequent an den Phasen des Entdeckungs-, Begründungs- und Verwertungszusammenhangs orientiert, ist Töpfers Konzept in Bezug auf die erste Phase wissenschaftlicher Projekte auch damit nicht kompatibel.

Bleibt also zu entscheiden, ob die von Töpfer vorgeschlagene Abweichung vom zugrunde liegenden Konzept Vorteile bietet. Um das zu beurteilen, sollen die Überlegungen aus Abschnitt 5.1.3 zum Sinn von Begriffsdefinitionen herangezogen werden. Danach sind diese als Teil der wissenschaftlichen Argumentation überhaupt nur dann sinnvoll, wenn Sprache nicht nur als Ausdrucksmittel, sondern auch und vor allem als Erkenntnismittel eingesetzt wird. Eine solche Differenzierung findet sich bei Töpfer nicht. Stattdessen diskutiert er seine Vorstellung vom Umgang mit Begriffen an einem Beispiel (vgl. ebd., 59 ff.). Darin sind immerhin Ansätze eines Erkenntnisgewinns erkennbar, indem z. B. das Verständnis des Begriffs „Erfolg“ als „profitables Wachstum“ eine Beschränkung auf die ökonomische Perspektive mit sich bringt und beispielsweise ökologische Aspekte ausklammert.[14] Im weiteren Verlauf erklärt er allerdings, dass es immer darauf ankommt, „Probleme aufgrund einer Vagheit und Mehrdeutigkeit von Begriffen zu vermeiden“. Diese Äußerung kann dahin gehend gedeutet werden, dass Sprache als Ausdrucksmittel dient, was nach den Überlegungen in Abschnitt 5.1.3 für das Anfügen eines Glossars sprechen würde.

---

[14] Wie schwierig der Umgang mit Begriffen tatsächlich ist, zeigt die Auseinandersetzung mit dieser Quelle exemplarisch daran, dass darin der Begriff „Nachhaltigkeit“ offensichtlich ausschließlich ökologisch interpretiert wird, ohne dies explizit zu erklären und zu begründen, während er tatsächlich auch ökonomisch relevant ist.

Hinzu kommt, dass Definitionen nach den oben angestellten Überlegungen nur dann an den Anfang einer wissenschaftlichen Arbeit gehören, wenn der Forschungsgegenstand maßgeblich von Begriffen geprägt ist. Doch gerade in praxisnahen Disziplinen wie den Wirtschaftswissenschaften, die Töpfer vorrangig im Auge hat, sind es oft nicht einzelne Begriffe, sondern komplexe Sachverhalte, die Anlass zu wissenschaftlicher Arbeit geben. Ob sich diese immer auf Begriffe reduzieren lassen, erscheint fragwürdig.

Die Untersuchung eines Beispiels gibt darüber vielleicht Aufschluss. Dazu sei exemplarisch eine nach dem Zufallsprinzip ausgewählte Dissertation zum Thema „Netzwerke als Ordnungsprinzip – Eine institutionenökonomische Analyse von Unternehmensnetzwerken in Taiwan" (vgl. Güllner 2000) herangezogen.[15] Würde man Töpfer folgen, so müssten Begriffe wie „Netzwerk" oder „Ordnung" gleich zu Beginn definiert werden; andernfalls müsste sich ein Mangel identifizieren lassen. Tatsächlich diskutiert Güllner Begriffe aber erst im zweiten Kapitel, also im Begründungszusammenhang. Und da ein Wirtschaftswissenschaftler aufgrund seiner Grundlagenkenntnisse auch ohne eine exakte Vorstellung darüber, ob und ggf. in welcher Hinsicht die im Titel verwendeten Begriffe spezifisch interpretiert werden müssen, um zu verstehen, welcher Sachverhalt im Rahmen der Dissertation untersucht werden soll, in der Lage sein dürfte, die Aufgabenstellung zu verstehen und in den relevanten Kontext einzuordnen, würde eine an den Anfang der Arbeit gestellte Begriffsdefinition wohl eher befremden als nützlich erscheinen. Insofern stellt der Verzicht auf Definitionen bereits im Entdeckungszusammenhang zumindest in diesem Fall keinen Mangel dar.

[15] Die ausgewählte Arbeit wird nur für den hier intendierten Zweck herangezogen und soll keinesfalls hinsichtlich anderer Aspekte als Beispiel für eine Arbeit mit einem gelungenen oder weniger gelungenen Aufbau bewertet werden.

Vor diesem Hintergrund lässt sich feststellen, dass das auf Reichenbach (1938) zurückgehende Gliederungskonzept und damit auch das hier entwickelte Konzept gegenüber dem von Töpfer zumindest in diesem ersten Punkt zu bevorzugen sind. Aber sicher würde man dem Konzept von Töpfer nicht gerecht werden, wenn man es damit bewenden ließe. Darum soll die Gegenüberstellung fortgesetzt werden.

Würde man das von Töpfer vorgeschlagene Untersuchungsdesign mit seiner Orientierung an dem von ihm angegebenen allgemeinen Managementprozess heranziehen, so wären durchaus signifikante Ähnlichkeiten zu dem hier entwickelten Konzept erkennbar, denn wenn man einmal davon absieht, dass in dem Untersuchungsdesign die erste Phase fehlt, die den Anlass zur Arbeit beschreibt, so ist darin doch immerhin zunächst die Analyse der Istsituation und in der Folge die Beschreibung einer Sollsituation enthalten, wobei Letztere ohne Weiteres als Zielformulierung verstanden werden kann. Doch leider findet sich diese Struktur in Töpfers Gliederungsvorschlag nicht in hinreichender Klarheit wieder. Stattdessen folgt das, was im Rahmen der vorliegenden Arbeit als Theorieteil bezeichnet wird. Dass dieser an dieser Stelle nicht in jedem Fall sinnvoll ist, wurde in Abschnitt 2.4.1 bereits ausführlich begründet und muss hier daher nicht noch einmal wiederholt werden. Vielmehr lässt sich abkürzend feststellen, dass das hier entwickelte Gliederungskonzept die Schwierigkeiten vermeiden hilft, die mit einem Theorieteil an dieser Stelle oft verbunden sind.

Bemerkenswert erscheint, dass Töpfer selbst erst das vierte Kapitel seines Gliederungskonzepts als Theorieteil bezeichnet (vgl. ebd., 25), während das von ihm skizzierte Beispiel an dieser Stelle die Untersuchung konkrete Fälle in der Praxis beinhaltet.

Weiterhin ist nicht mit hinreichender Transparenz erkennbar, an welcher Stelle Töpfer eine Auseinandersetzung mit der Methodik vorsieht, mit deren Hilfe das Problem auf wissenschaftlich fundierte Weise gelöst werden soll. Zwar geht er an anderer Stelle sehr ausführlich auf Methoden wissenschaftlichen Arbeitens ein (vgl. ebd., z. B. 52 ff.), und auch in den Erläuterungen zu dem von ihm empfohlenen Untersuchungsdesign (nicht etwa im Untersuchungsdesign selbst) erwähnt er Methoden wie z. B. Literaturauswertungen oder empirische Untersuchungen, doch weder aus dem abstrakten Gliederungsentwurf noch aus den Beispielen geht hervor, an welcher Stelle einer wissenschaftlichen Abschlussarbeit darzulegen ist, welche Methoden aus welchem Grund herangezogen werden.

Fasst man die Erkenntnisse aus der Gegenüberstellung des wissenschaftstheoretisch begründeten Gliederungskonzepts und des hier entwickelten, darauf basierenden Konzepts auf der einen Seite und des Konzepts von Töpfer auf der anderen Seite zusammen, so lässt sich Folgendes festhalten: Obwohl sich beide zeitgenössischen Konzepte auf die gleiche Grundlage berufen, weichen sie erheblich voneinander ab. Unterschiede zum ursprünglichen Konzept ließen sich vor allem bei Töpfer identifizieren. Darüber hinaus ist das Konzept von Töpfer auch in sich nicht ganz schlüssig. Daher erscheint die Schlussfolgerung zulässig, dass das hier entwickelte Konzept seine Bewährungsproben bisher bestanden hat.

Schließlich ließe sich kritisch einwenden, dass es keines neuen Vorgehensmodells bedurft hätte, wenn es mit dem tradierten Modell nach dem Schema Entdeckungs-, Begründungs- und Verwertungszusammenhang im Grunde eigentlich deckungsgleich ist. Ein solcher Einwand kann und soll hier gar nicht zurückgewiesen werden.

Tatsächlich steht die vorliegende Arbeit nicht im Widerspruch zu der Einsicht, dass dieses Schema nach wie vor anwendbar und durchaus auch empfehlenswert ist. Eines der Ziele der vorliegenden Arbeit bestand ja gerade darin, dieses Vorgehensmodell in Erinnerung zu rufen und davor zu warnen, Bewährtes in Vergessenheit geraten zu lassen und durch Trivialitäten zu ersetzen.

Der einzige Zusatznutzen, den das – wenn man so will – modernisierte Vorgehensmodell bietet, ist seine bessere Anschlussfähigkeit an moderne Organisationsformen und hier insbesondere an das Projektmanagement (vgl. Haberfellner et al. 2012), das ja auch und gerade bei der Abwicklung und Dokumentation von Forschungsvorhaben regelmäßig angewendet wird, sowie an die dafür inzwischen verfügbaren Methoden, Verfahren und Werkzeuge (vgl. z. B. Böhm 2005). Und vielleicht fördert es angesichts des Wandels von Denkmustern und Begrifflichkeiten, der in den letzten Jahrzehnten stattgefunden hat, zugleich auch die Verständlichkeit. Mehr nicht – aber auch nicht weniger.

Wechselt man vom kritischen nun wieder zum konstruktiven Standpunkt, so lässt sich festhalten, dass es im Rahmen der vorliegenden Arbeit möglich war, das Vorgehensmodell zur Anfertigung wissenschaftlicher Abschlussarbeiten auf der Basis dieses Vorgehensmodells logisch herzuleiten: Anlass dafür, diese Arbeit anzufertigen, war die Beobachtung, dass die Erarbeitung einer Gliederung wissenschaftlicher Abschlussarbeiten oft als schwierig empfunden wird, zumeist viel Zeit in Anspruch nimmt, im Prozess des Werdens nicht selten mehrfach geändert wird und Gutachtern am Ende trotzdem immer wieder Gelegenheit gibt, daran Kritik zu üben. Anlass war auch die Feststellung, dass sich zahlreiche Ratgeber zur Anfertigung wissenschaftlicher Abschlussarbeiten darauf beschränken, die triviale Form der Gliederung in Einleitung, Hauptteil und Schluss zu empfehlen und dadurch nicht wirklich zur Aufklärung beitragen.

Diese Wahrnehmungen hätten zufällig sein können, weil die Feststellungen zu den Inhalten der einschlägigen Literatur zunächst nur auf der Lektüre weniger Quellen beruhten und weil die Zahl der Studierenden, die bei der Anfertigung ihrer Abschlussarbeiten begleitet worden waren, nicht repräsentativ war. Auch sind die begleiteten Arbeiten überwiegend dem wirtschafts- und ingenieurwissenschaftlichen Bereich zuzuordnen, sodass die identifizierten Probleme für solche Arbeiten hätten spezifisch sein können. Schließlich hätten die Wahrnehmungen subjektiv, also durch eine persönliche Perspektive des Autors, geprägt sein können.

Keine der genannten Einschränkungen lässt sich vollständig beseitigen. Dafür ist die Zahl der Ratgeber zur Anfertigung wissenschaftlicher Abschlussarbeiten viel zu groß; dafür ist die Zahl der Abschlussarbeiten und der wissenschaftlichen Gebiete, in denen sie angefertigt werden, viel zu groß; dafür ist die Kompetenz des Autors, in alle relevanten Wissensgebiete einen hinreichend tiefen Einblick zu erlangen, viel zu begrenzt.

Im Rahmen der Situationsanalyse konnten alle diese Defizite aber immerhin etwas abgemildert werden: durch eine zufällige Auswahl einer ganzen Reihe weiterer Ratgeber zur Anfertigung von Abschlussarbeiten wurden die ersten Eindrücke bestätigt, sodass die Annahme zumindest nicht ganz unbegründet erscheint, dass auch eine große Zahl weiterer Ratgeber zur Gliederung ähnlich lautende Empfehlungen aussprechen. Durch eine Umfrage unter Studierenden konnte die Grundgesamtheit, auf die sich die Beobachtungen bezogen, immerhin etwas vergrößert werden, und auch in dieser Hinsicht bestätigten sich die ursprünglichen Wahrnehmungen. Mit der Umfrage ging auch die Ausdehnung auf andere als ingenieurwissenschaftliche Fachgebiete einher. Schließlich förderte eine Literaturrecherche ein Vorgehensmodell zutage, das in der Wissenschaftstheorie auf einem breiten Konsens basiert, jedoch bei vielen, die eigentlich auch auf einer wissenschaftstheoretisch gesicherten Grundlage arbeiten sollten, scheinbar etwas in Vergessenheit geraten ist.

Die breitere und tiefere Situationskenntnis erlaubte es nun, konkrete Ziele zu formulieren, die durch die weitere Arbeit erreicht werden sollten. Dazu gehörte, das immer mehr in Vergessenheit geratene, wissenschaftstheoretisch fundierte Vorgehensmodell in Erinnerung zu rufen und bei dieser Gelegenheit etwas zu modernisieren. Dazu gehörte auch, die Kompatibilität zu gängigen Arten des Argumentierens und Schließens sicherzustellen.

Im Lichte der Defizite, die durch die Situationsanalyse zutage befördert worden waren, und der Ziele, die im Wesentlichen darin bestanden, die Defizite zu beseitigen, konnte als Nächstes die Methodik festgelegt werden, die am besten geeignet erschien, diese Ziele zu erreichen. In diesem Zusammenhang wurde der aus dem Systems Engineering bekannte Problemlösungszyklus eingeführt, modifiziert und mit dem traditionellen Vorgehensmodell abgeglichen (siehe Abb. 10). Auf diese Weise konnte gezeigt werden, dass das Ziel der Modernisierung grundsätzlich erreichbar ist.

Dass dies auch im Einzelnen der Fall ist, wurde im Rahmen der nun folgenden, eigentlichen Problemlösung gezeigt. Darin wurden die Inhalte der aufeinanderfolgenden Phasen eines Forschungsprojekts und der damit korrespondierenden Inhalte der Kapitel eines Projektberichts erläutert. Und in dem Maße, in dem eine Abschlussarbeit im Grunde nichts anderes ist als ein Bericht über ein durchgeführtes Forschungsprojekt, ist damit auch die Gliederung einer Abschlussarbeit vorgegeben. Es konnte sogar gezeigt werden, dass die Vorgehensweise innerhalb der einzelnen Phasen im Sinne einer Skaleninvarianz mit der übergreifenden Vorgehensweise zur Abwicklung des Gesamtvorhabens prinzipiell übereinstimmt.

Und nun zeigt die kritische Bewertung der Problemlösung u. a. anhand der vorliegenden Arbeit, dass sie sich praktisch bewährt. Was zur Vervollständigung der Bewertung allerdings noch fehlt, ist die Einschätzung, ob und ggf. in welchem Maße die Ziele erreicht wurden, die in Kapitel 3 formuliert worden sind. Das soll nun geschehen.

6.2 Abgleich mit den selbst gesetzten Zielen

Das hier entwickelte Modell zur Anfertigung und Gliederung wissenschaftlicher Abschlussarbeiten soll vor allem folgende Anforderungen erfüllen:

1. Es soll an die traditionelle Form der Gliederung wissenschaftlicher Arbeiten anknüpfen und
2. begründen, warum diese besser geeignet ist als die derzeit propagierte, triviale Gliederung nach dem Schema Einleitung, Hauptteil und Schluss.
3. Es soll zeitgemäß interpretiert werden, um verständlicher zu sein und Anknüpfungspunkte an moderne Methoden, Verfahren und Werkzeuge zur Unterstützung der einzelnen Phasen der wissenschaftlichen Arbeit zu bieten.
4. Es soll sowohl die Struktur des Seins als auch den Prozess des Werdens abbilden und
5. es soll universell, also insbesondere interdisziplinär anwendbar und für unterschiedliche Arten des wissenschaftlichen Argumentierens und Schließens geeignet sein.

In Bezug auf das erstgenannte Ziel (1) zeigt vor allem Abb. 10 die Übereinstimmung des tradierten Phasenmodells nach dem Schema

Entdeckungs-, Begründungs- und Verwertungszusammenhang mit dem hier entwickelten Phasenmodell.

Weiterhin (2) wurde zuletzt im vorausgegangenen Abschnitt ausführlich begründet, dass und warum beide Vorgehensmodelle zur Anfertigung und Dokumentation wissenschaftlicher Abschlussarbeiten besser geeignet sind als das triviale Schema nach dem Muster Einleitung, Hauptteil und Schluss.

An gleicher Stelle wurde (3) der Zusatznutzen des neuen Vorgehensmodells im Vergleich zum tradierten Modell noch einmal angegeben. Er ist sicher nicht groß, mag dem einen oder anderen aber möglicherweise helfen. Dies gilt in besonderer Weise für die Möglichkeit, Anknüpfungspunkte zu modernen Methoden, Verfahren und Werkzeugen zu identifizieren. Im Rahmen der vorliegenden Arbeit wurden dazu nur einige konkrete Beispiele gegeben, so z. B. im Zusammenhang mit der Zieldefinition in Abschnitt 5.3 durch die Anwendung der Empfehlung, Ziele S.M.A.R.T zu formulieren, oder durch den Hinweis auf die Ziel-Relationen-Matrix. Die angegebene Literatur (vgl. Haberfellner et al. 2012; Böhm 2005) liefert dazu zahlreiche weitere Möglichkeiten.

Die selbstreferente Anwendung des hier entwickelten Vorgehensmodells und Gliederungsschemas auf die vorliegende Arbeit hat demonstriert, dass der Prozess des Werdens einer solchen Arbeit zugleich auch die Struktur des Seins im Sinne der Gliederung der Dokumentation dieser Arbeit darstellen kann (4).

Schließlich (5) wurden unterschiedliche Arten des wissenschaftlichen Argumentierens und Schließens, insbesondere das induktiv-deduktive Schema (siehe Abb. 4), der hermeneutische Zirkel (siehe Abb. 5) und die Dialektik (siehe Abb. 6) zugrunde gelegt, um zu zeigen, dass das hier entwickelte Vorgehensmodell für alle Ansätze geeignet ist. Interessant erscheint in diesem Zusammenhang u. a. die Erkenntnis, dass die mit dem induktiv-deduktiven Schema vordergründig verbundene lineare Vorgehensweise gar nicht so linear ist, wie es auf den ersten Blick scheint, und dass sich die zirkuläre Vorgehensweise der Hermeneutik besser, als zunächst zu erwarten war, in ein auf den ersten Blick linear erscheinendes Vorgehensmodell integrieren lässt.

Zusammenfassend lässt sich also feststellen, dass alle fünf Ziele als erfüllt angesehen werden können.

7 Zusammenfassung und Ausblick

Abschließend sollen die wesentlichen Erkenntnisse der vorliegenden Arbeit noch einmal herausgestellt werden. Dazu gehört sicher, dass die von zahlreichen Ratgebern zur Anfertigung wissenschaftlicher Abschlussarbeiten empfohlene triviale Form der Gliederung nach dem Schema Einleitung, Hauptteil und Schluss zwar nicht grundsätzlich falsch, aber weder hinreichend noch nützlich ist.

Sowohl hilfreich als auch nützlich sowie theoretisch erklärbar und begründbar sind das klassische Phasenmodell nach dem Schema Entdeckungs-, Begründungs- und Verwertungszusammenhang sowie das hier entwickelte, dazu kompatible Vorgehensmodell auf der Basis des Problemlösungszyklus. Welches der beiden zuletzt genannten Modelle einer wissenschaftlichen Abschlussarbeit letztlich zugrunde gelegt wird, ist Geschmackssache. Der wesentliche Vorteil des neuen Modells besteht aber sicher darin, dass es an moderne Organisationsformen und hier insbesondere an das Projektmanagement sowie an die dafür heute zur Verfügung stehenden Methoden, Verfahren und Werkzeuge besser anschlussfähig ist als das tradierte Modell.

Weiterhin wesentlich erscheint die Einordnung theoretischer Inhalte, die davon abhängig ist, ob es sich um eine praxisorientierte Bachelorarbeit oder um eine theorieorientierte Master- oder Doktorarbeit handelt. In allen Fällen befasst sich das zweite Kapitel mit der Analyse der Situation, die für die Problemlösung relevant ist. Bei einer praxisorientierten Arbeit ist die Situation aber typischerweise durch die Praxis geprägt, sodass sich die Situationsanalyse vorrangig darauf bezieht und nur insoweit theoretische Aspekte einbezieht, als diese im Hinblick auf die Lösung des praktischen Problems als Stand von Forschung und Technik in der wissenschaftlich relevanten Literatur überhaupt auffindbar sind. Oft genug ist das aber gar nicht oder nur in sehr begrenztem Umfang der Fall, und wenn dem so ist, sollten Studierende nicht aus Verzweiflung darüber, dass die Konvention an dieser Stelle vorrangig theoretische Beiträge verlangt, irgendwelche scheinbar relevanten Versatzstücke aus der Literatur zusammentragen, nur um einem zur Formsache verkommenen Anspruch gerecht zu werden, die Arbeit „wissenschaftlich zu fundieren" und eine definierte und zumeist recht große Mindestanzahl an Literaturquellen nachweisen zu können. Theoretisch ist die Situationsanalyse vor allem dann, wenn eine Abschlussarbeit Beiträge zur Theorie liefern will und sich zu diesem Zweck kritisch mit bereits bestehenden Theorien auseinandersetzt. Das ist vor allem bei Master- und Doktorarbeiten zu erwarten.

Als in der Praxis besonders nützlich haben sich auch die Hinweise zur Definition wichtiger Begriffe erwiesen. In diesem Zusammenhang fördert vor allem die Unterscheidung der Funktion von Sprache als Ausdrucksmittel und als Erkenntnismittel das Verständnis. Während Begriffe, die lediglich für das Verständnis von Bedeutung sind, nur am Rande oder in einem Glossar im Anhang der Arbeit definiert werden, gehört eine Definition vor allem dann in den Text, wenn die Auseinandersetzung mit dem entsprechenden Begriff der Erkenntnisgewinnung dient.

Weiterhin wichtig erscheint die Auseinandersetzung mit der Methodik, die einer wissenschaftlichen Arbeit zugrunde gelegt wird. In dieser Hinsicht fehlt Studierenden oft die Kenntnis wissenschafts- und erkenntnistheoretischer Grundlagen. Angesichts der zahlreichen und überwiegend guten Literatur zu diesem Thema (vgl. z. B. Schurz 2008) sowie im Hinblick auf die begrenzte Zielsetzung der vorliegenden Arbeit werden dazu in diesem Band zwar keine Kenntnisse vermittelt. Entsprechende Wissensbestände wurden vereinfachend und nur insoweit herangezogen, als sie zum Verständnis des Gliederungskonzepts erforderlich erschienen. Gleichwohl zeigt die Gliederung, dass und an welcher Stelle die Methodik zu thematisieren ist. In dieser Hinsicht weicht das hier entwickelte Vorgehensmodell von seinem Vorbild, dem Problemlösungszyklus, ab und ergänzt diesen um eine zusätzliche Phase. Die sich daraus ergebende Rückwirkung auf die Grundlagen des Systems Engineering wird an anderer Stelle aufzuarbeiten sein.

Die vorliegende Arbeit richtet sich mit ihrer Kritik an empfohlenen Gliederungskonzepten an eher praxisorientierte Ratgeber zur Anfertigung wissenschaftlicher Abschlussarbeiten und nimmt für sich selbst auch nicht viel mehr in Anspruch, als praxisorientiert zu sein. Das hat für diejenigen, die beabsichtigen, die Erkenntnisse praktisch anzuwenden, durchaus Vorteile. Insbesondere dürften die Ausführungen für eine breite Leserschaft einigermaßen verständlich sein. Sicher geht das aber zulasten einer in jeder Hinsicht konsequenten Einbindung in den erkenntnis- und wissenschaftstheoretischen Kontext. Wer das kritisieren möchte, wird zahlreiche Ansatzpunkte finden. Doch diejenigen, die vor der Aufgabe stehen, eine wissenschaftliche Abschlussarbeit anzufertigen, sollten trotzdem genügend Ansatzpunkte finden, um den Prozess des Werdens dieser Arbeit ebenso wie die Struktur ihres Seins gestalten zu können.

8 Literaturverzeichnis

Abo, T. (Hrsg.) 1994: Hybrid Factory – The Japanese Production System in the United States. New York.

Ahrens, V. 1998: Dezentrale Produktionsplanung und -steuerung – Systemtheoretische Grundlagen und Anwendungspotentiale. Karlsruhe. Univ. Diss.

AK-DQR – Arbeitskreis Deutscher Qualifikationsrahmen 2011: Deutscher Qualifikationsrahmen für lebenslanges Lernen. Berlin.

Arnold, U./Eßig, M. 1999: Von der Beschaffungslogistik zur marktorientierten Netzwerklogistik – Theoretische Fundierung des logistischen Entwicklungspfades bei Industrieunternehmen. In: Pfohl, H.-C. (Hrsg.): Logistikforschung – Entwicklungszüge und Gestaltungsansätze. Berlin. S: 87–103.

Ashby, W. R. 1958: Requisite variety and its implications for the control of complex systems. Cybernetica 1:2. S. 83–99.

Aulakh, P. S./Kotabe, M. 1993: An Assessment of Theoretical and Methodological Development in International Marketing: 1980–1990. Journal of International Marketing 1:2. S. 5–28.

Balzer, W. 2009: Die Wissenschaft und ihre Methoden – Grundsätze der Wissenschaftstheorie. Freiburg.

Balzert, H./Schäfer, C./Schröder, M./Kern, U. 2010: Wissenschaftliches Arbeiten – Wissenschaft, Quellen, Artefakte, Organisation, Präsentation. Herdecke u. a.

Bänsch, A. 2008: Wissenschaftliches Arbeiten. 9. Aufl. München u. a.

Benders, J./Dankbaar, B./van Hootegem, G. 1996: Lean Production. In: Eijnatten, F. van (Hrsg.): Sociotechnisch ontwerpen. Utrecht. S. 238–250.

Böhm, R. 2005: Methoden und Techniken der System-Entwicklung. 5. Aufl. Zürich.

Bokranz, R./Kasten, L. 2003: Organisations-Management in Dienstleistung und Verwaltung. 4. Aufl. Wiesbaden.

Bolten, J. 1985: Die Hermeneutische Spirale – Überlegungen zu einer integrativen Literaturtheorie. Poetica 17, Heft 3/4. S. 362ff.

Borsdorf, A. 1999: Geographisch denken und wissenschaftlich arbeiten. Stuttgart.

Bortz, J./Döring, N. 2005: Forschungsmethoden und Evaluation für Human- und Sozialwissenschaftler. 3. Aufl. Berlin u. a.

Bracht, U./Edit, A./Greim, H.-R. 1979: Literaturübersicht Fabrikplanung – Beiträge aus Fachzeitschriften des Jahres 1978. Industriebau 25, Nr. 3, S. 176–181, Nr. 4, S. 249–255, Nr. 5, S. 306–313.

Brauner, D. J./Vollmer, H.-U. 2008: Erfolgreiches wissenschaftliches Arbeiten – Seminararbeit, Bachelor-/Masterarbeit (Diplomarbeit), Doktorarbeit. 3. Aufl. Sternenfels.

Bullinger, H.-J./Warnecke, H. J./Westkämper, E. 2003: Neue Organisationsformen in Unternehmen – Ein Handbuch für das moderne Management. 2. Aufl. Berlin u. a.

Carrier, M. 2008: Wissenschaftstheorie – zur Einführung. 2. Aufl. Hamburg.

Cezanne, W. 2005: Allgemeine Volkswirtschaftslehre. 10. Aufl. München.

Coriat, B. 1995: Taylor, Ford und Ohno – Neue Entwicklungen in der Analyse des Ohnismus. In: Cattero, B. (Hrsg.): Zwischen Schweden und Japan – Lean Production aus deutscher Sicht. Münster. S. 9–47.

Dewey, J. 1910/1997: How we think. Dover.

Dietzfelbinger, D./Thurm, R. (Hrsg.) 2004: Nachhaltige Entwicklung – Grundlage einer neuen Wirtschaftsethik. München.

Domschke, W./Drexl, A. 2011: Einführung in Operations Research. 7. Aufl. Berlin u. a.

Doran, G. T. 1981: There's a S.M.A.R.T way to write management's goals and objectives. Management Review, Ausg. 70, Nr. 11. S. 35–36.

Eco, U./Schick, W. 2010: Wie man eine wissenschaftliche Abschlussarbeit schreibt: Doktor-, Diplom- und Magisterarbeit in den Geistes- und Sozialwissenschaften. 13. Aufl. Heidelberg.

Esselborn-Krumbiegel, H. 2008: Von der Idee zum Text – Eine Anleitung zum wissenschaftlichen Arbeiten. 3. Aufl. Paderborn.

Eysenck, M. W. 1982: Attention and Arousal – Cognition and Performance. Berlin u. a.

Facaoaru, C. 1985: Kreativität in Wissenschaft und Technik. Bern.

Feyerabend, P. K. 1976: Wider den Methodenzwang – Skizze einer anarchistischen Erkenntnistheorie. Frankfurt am Main.

Franck, N./Stary, J. (Hrsg.) 2009: Die Technik wissenschaftlichen Arbeitens. 15. Aufl. Paderborn.

Frank, U. 2003: Einige Gründe für die Wiederbelebung der Wissenschaftstheorie. In: Die Betriebswirtschaft, 63. Jg. Nr. 3. S. 278–292.

Friedrichs, J. 1973: Methoden empirischer Sozialforschung. Reinbek.

Friedrichs, J. 1990: Methoden empirischer Sozialforschung. 14. Aufl. Opladen.

Gadamer, H.-G. 2010: Gesammelte Werke 1 – Hermeneutik 1 – Wahrheit und Methode: Grundzüge einer philosophischen Hermeneutik. 7. Aufl. Tübingen.

Gaitanides, M. 2007: Prozessorganisation. 2. Aufl. München.

Geiger, W./Kotte, W. 2008: Handbuch Qualität – Grundlagen und Elemente des Qualitätsmanagements: Systeme – Perspektiven. 5. Aufl. Wiesbaden.

Giesen, B./Schmid, M. 1977: Basale Soziologie – Wissenschaftstheorie. Opladen.

Gigon, O. (Hrsg.) 1986: Aristoteles – Die Nikomachische Ethik. 6. Aufl. Zürich u. a.

Göbel, E. 2010: Unternehmensethik. 2. Aufl. Stuttgart.

Grabmann, M. 1988: Die Geschichte der scholastischen Methode. Berlin.

Guckelsberger, U. 2006: Das Menschenbild in der Ökonomie – ein dogmengeschichtlicher Abriss. In: Rump, J./Sattelberger, T./Fischer, H. (Hrsg.): Employability Management – Grundlagen, Konzepte, Perspektiven. Wiesbaden. S. 188–216.

Guilford, J. P. 1967: The nature of human intelligence. New York.

Güllner, P. S. 2000: Netzwerke als Ordnungsprinzip – Eine institutionenökonomische Analyse von Unternehmensnetzwerken in Taiwan. Freiburg (Schweiz).

Haberfellner, R./Weck, O. d./Fricke, E./Vössner, S. (Hrsg.) 2012: Systems Engineering – Grundlagen und Anwendung. 12. Aufl. Zürich.

Hammann, J. 2007: Die Heldenreise im Film: Drehbücher, aus denen Filme gemacht werden, die wirklich berühren. Leipzig.

Hauthal, J./Nadj, J./Nünning, A./Peters, H. (Hrsg.) 2007: Metaisierung in Literatur und anderen Medien – Theoretische Grundlagen, Historische Perspektiven, Metagattungen, Funktionen. Berlin u. a.

Hawking, S. 2010: Eine kurze Geschichte der Zeit. 2. Aufl. Hamburg.

Heinrich, L. J. 2001: Wirtschaftsinformatik – Einführung und Grundlegung. 2. Aufl. München u. a.

Heister, W./Weßler-Poßberg, D. 2007: Studieren mit Erfolg – Wissenschaftliches Arbeiten für Wirtschaftswissenschaftler. Stuttgart.

Heller, K. A. 1992: Zur Rolle der Kreativität in Wissenschaft und Technik. In: Heller, K. A./Nickel, H. (Hrsg.): Psychologie in Erziehung und Unterricht. Zeitschrift für Forschung und Praxis (Organ der Deutschen Gesellschaft für Psychologie). 39. Jg. S. 133–148.

Heller, A. K./Facaoaru, C. 1987: Selbst- und Systemerkenntnis. In: Deutsche Aktionsgemeinschaft Bildung – Erfindung – Innovation (Hrsg.): DABEI-Handbuch für Erfinder und Unternehmer Düsseldorf. S. 45–54.

Holz, H. H. 2011: Dialektik – Problemgeschichte von der Antike bis zur Gegenwart. Darmstadt.

Hug, W. 2001: Erhebung und Auswertung empirischer Daten. In: Hug, T. (Hrsg.): Einführung in die Forschungsmethodik und Forschungspraxis. Hohengehren. S. 11–29.

Hume, D. 1986: Eine Untersuchung über den menschlichen Verstand. Hamburg.

Karmasin, M./Ribing, R. 2010: Die Gestaltung wissenschaftlicher Arbeiten. 5. Aufl. Wien.

Keuper, F. 2005: Gestaltung der Unternehmenskomplexität im Lichte von Ashby und Luhmann. In: Zeitschrift für Planung & Unternehmensführung. 16. Jg. S. 211–238.

Keuth, H. 2011: Die Philosophie Karl Poppers. 2. Aufl. Tübingen.

Kornmeier, M. 2007: Wissenschaftstheorie und wissenschaftliches Arbeiten – Eine Einführung für Wirtschaftswissenschaftler. Heidelberg.

Kornmeier, M. 2012: Wissenschaftlich schreiben leicht gemacht – für Bachelor, Master und Dissertation. 5. Aufl. Bern u. a.

Kron, T. (Hrsg.) 2002: Luhmann modelliert – Sozionische Ansätze zur Simulation von Kommunikationssystemen. Opladen.

Kühl, S. 2001: Über das erfolgreiche Scheitern von Gruppenarbeitsprojekten – Rezentralisierung und Rehierarchisierung in Vorreiterunternehmen der Dezentralisierung. Zeitschrift für Soziologie. 30. Jg. S. 199–222.

Kuhn, T. S. 1976: Die Struktur wissenschaftlicher Revolutionen. Frankfurt am Main.

Kühn, W. 2006: Digitale Fabrik – Fabriksimulation für Produktionsplaner. München.

Lakatos, I. 1974: Falsifikation und die Methodologie wissenschaftlicher Forschungsprogramme. In: Lakatos, I./Musgrave, A.: Kritik und Erkenntnisfortschritt. Braunschweig. S. 89–189.

Leiner, B. 1989: Stichprobentheorie – Grundlagen, Theorie und Technik. 2. Aufl. München u. a.

Lijima, S. 1991: Helical Microtubules of Graphitic Carbon. Nature 354. S. 56.

Lüde, R. v./Moldt, D./Valk, R. 2005: Sozionik – Modellierung soziologischer Theorie. Münster.

Luhmann, N. 1984: Soziale Systeme – Grundriß einer allgemeinen Theorie. Frankfurt am Main.

Malsch, T. (Hrsg.) 1998: Sozionik – Soziologische Ansichten über künstliche Sozialität. Berlin.

Mandelbrot, B. B. 1989: Die fraktale Geometrie der Natur. Basel.

Manhart, K. 1994: Strukturalistische Theoriekonzeption in den Sozialwissenschaften – Das Beispiel der Theorie vom transitiven Graphen. In: Zeitschrift für Soziologie, 23. Jg. Nr. 2. S. 111–128.

Metzner, A. 2001: Wider den Methodenzwang – Skizze einer Anarchischen Erkenntnistheorie. In: Packe, S./Oesterdiekhoff, G. W. (Hrsg.): Schlüsselwerke der Soziologie. Opladen. S. 152–154.

Nicolai, A./Kieser, A. 2002: Trotz eklatanter Erfolglosigkeit – Die Erfolgsfaktorenforschung weiter auf Erfolgskurs. In: Die Betriebswirtschaft, 62. Jg. Nr. 6. S. 579–596.

Nida-Rümelin, J. 2006: Vom Zweckfreien und vom Nützlichen in den Wissenschaften. In: Nida-Rümelin, J. (Hrsg.): Wunschmaschine Wissenschaft – Von der Lust und dem Nutzen des Forschens. Hamburg. S. 165–176.

Nomura, M./Jürgens, U. 1995: Binnenstrukturen des japanischen Produktivitätserfolges – Arbeitsbeziehungen und Leistungsregulierung in zwei japanischen Automobilunternehmen. Berlin.

Opp, K. D. 1976: Methodologie der Sozialwissenschaften – Einführung in Probleme der Theoriebildung. Hamburg.

Paetzel, U. (Hrsg.) 2001: Wissenschaftliches Arbeiten – Überblick über Arbeitstechnik und Studienmethodik. Berlin.

Popper, K. R. 1976: Logik der Forschung. Tübingen.

Popper, K. R. 1987: Auf der Suche nach einer besseren Welt – Vorträge und Aufsätze aus dreißig Jahren. 4. Aufl. München.

Prim, R./Tilmann, H. 1979: Grundlagen einer kritisch-rationalen Sozialwissenschaft – Studienbuch zur Wissenschaftstheorie. 4. Aufl. Heidelberg.

Reichenbach, H. 1938: Experience and Prediction. An Analysis of the Foundations and the Structure of Knowledge. Chicago.

Reichenbach, H. 1949: The Theory of Probability. Berkeley.

Samac, K./Prenner, M./Schwetz, H. 2009: Die Bachelorarbeit an Universität und Fachhochschule. Wien.

Schnell, R./Hill, P. B./Esser, E. 1989: Methoden der empirischen Sozialforschung. 2. Aufl. München.

Schurz, G. 2008: Einführung in die Wissenschaftstheorie. 2. Aufl. Darmstadt.

Sey, A. 1999: Gruppenarbeit in Japan – Empirische und theoretische Fiktionen. In: Vereinigung für sozialwissenschaftliche Japanforschung (VSJF) e. V. (Hrsg.): Grenzgänge – Quo vadis sozialwissenschaftliche Japanforschung? Methoden- und Zukunftsfragen. Duisburg.

Sey, A. 2001: Gruppenarbeit in Japan – Stereotyp und Wirklichkeit. München u. a.

Siebertz, K./van Bebber, David/Hochkirchen, T. 2010: Statistische Versuchsplanung – Design of Experiments (DoE). Heidelberg u. a.

Singer, R./Willimczik, K. (Hrsg.) 2002: Sozialwissenschaftliche Forschungsmethoden in der Sportwissenschaft – Eine Einführung. Hamburg.

Sneed, J. 1971: The Logical Structure of Mathematical Physics. Dordrecht.

Springer, R. 1999: Rückkehr zum Taylorismus? Arbeitspolitik in der Automobilindustrie am Scheideweg. Frankfurt am Main u. a.

Stachowiak, H. 1973: Allgemeine Modelltheorie. Wien u. a.

Stegmüller, W. 1979: Hauptströmungen der Gegenwartsphilosophie – Eine kritische Einführung. Band II. 6. Aufl. Stuttgart.

Theisen, M. R. 2009: Wissenschaftliches Arbeiten: Technik – Methodik – Form. München.

Töpfer, E. 2009: Erfolgreich Forschen – Ein Leitfaden für Bachelor-, Master-Studierende und Doktoranden. Berlin u. a.

Toutenburg, H./Knöpfel, P. 2009: Six Sigma – Methoden und Statistik für die Praxis. 2. Aufl. Berlin u. a.

Verein Deutscher Ingenieure (VDI) 2010: Simulation von Logistik-, Materialfluss- und Produktionssystemen – Grundlagen. VDI-Richtlinie 3633, Blatt 1. Düsseldorf.

Verein Deutscher Ingenieure (VDI) 1997a: Simulation von Logistik-, Materialfluss- und Produktionssystemen – Experimentplanung und -auswertung. VDI-Richtlinie 3633, Blatt 3. Düsseldorf.

Verein Deutscher Ingenieure (VDI) 1997b: Auswahl von Simulationswerkzeugen – Leistungsumfang und Unterscheidungskriterien. VDI-Richtlinie 3633, Blatt 4. Düsseldorf.

Warnecke, H. J. 2004: Von der Produktionslinie zum Netzwerk – Die Entwicklung der Produktion in den letzten vier Jahrzehnten. In: Klocke, F./Pritschow, G.: Autonome Produktion. Berlin u. a. S. 17–27.

Weber, M. 1980: Wirtschaft und Gesellschaft. 5. Aufl. Tübingen.

Weisberg, R. E. 1986: Creativity – Genius and other myths. New York.

Wiendahl, H.-P./Gerst, D./Keunecke, L. (Hrsg.) 2004: Variantenbeherrschung in der Montage – Konzept und Praxis der flexiblen Produktionsendstufe. Berlin u. a.

Williamson, O. E. 1990: Die ökonomischen Institutionen des Kapitalismus – Unternehmen, Märkte, Kooperationen. Tübingen.

Wolf, J. E. 2001: Elementarmethoden zur Lösungssuche. München.

Wolf, T. 2012: Ambulantes Operieren – Lebensgefahr in der Arztpraxis. In: http://www.spiegel.de/wissenschaft/medizin/narkose-bei-ambulanter-op-eine-unbedachte-gefahr-a-864138.html, Stand: 25. November 2012.

Womack, J./Jones, J./Ross, D. 1990: The Machine that changed the World – The Story of Lean Production. New York u. a.

Georg Brun, Gertrude Hirsch Hadorn

Textanalyse in den Wissenschaften

Inhalte und Argumente analysieren und verstehen

2009, 344 Seiten, zahlreiche Darstellungen,
Format 15 x 21,5 cm, broschiert
ISBN 978-3-8252-3139-2

Das Buch vermittelt methodische Grundlagen für die Arbeit mit Texten in den Wissenschaften, besonders die Fähigkeit, Inhalt und Argumentation komplexer Texte zu erfassen, wiederzugeben und zu beurteilen. Die Einführung entspricht den fachlichen Standards der Philosophie und Geisteswissenschaften, ist fachübergreifend konzipiert und setzt kein spezifisches Wissen voraus.

Der Band richtet sich an Studierende verschiedener Fachrichtungen sowie an Personen, die sich mit dem Wissen anderer Fachrichtungen auseinandersetzen oder im Dialog mit der Öffentlichkeit stehen. Mit Fallbeispielen aus verschiedenen Wissensbereichen und kommentierten Literaturhinweisen.

vdf Hochschulverlag AG an der ETH Zürich, VOB D, Voltastrasse 24, 8092 Zürich
Tel. +41 (0)44 632 42 42, Fax +41 (0)44 632 12 32, verlag@vdf.ethz.ch, www.vdf.ethz.ch